A Arte de Pegar Leve

COMO LIDAR COM URSOS, TRÂNSITO
E TODOS OS ESTRESSES DA VIDA

A Arte de Pegar Leve

Dr. Brian King

PSICÓLOGO E COMEDIANTE

TRADUÇÃO
Alexandre Boide

TÍTULO ORIGINAL *The art of taking it easy: how to cope with bears, traffic, and the rest of life's stressors*

© 2019 by Dr. Brian King
© 2021 VR Editora S.A.

Latitude é o selo de aperfeiçoamento pessoal da VR Editora

DIREÇÃO EDITORIAL Marco Garcia
EDIÇÃO Marcia Alves
PREPARAÇÃO Maria Isabel Ferrazoli
REVISÃO Laila Guilherme
DIAGRAMAÇÃO Pamella Destefi
COVER FRONT PANEL DESIGN by Richard Ljoenes
COVER FRONT PANEL PHOTO courtesy of Alamy
COVER BACK PANEL AND FLAPS by Rain Saukas

Dados Internacionais de Catalogação na Publicação (CIP)
(Câmara Brasileira do Livro, SP, Brasil)

King, Brian
A arte de pegar leve: como lidar com ursos, trânsito e todos os estresses da vida / Dr. Brian King; [tradução Alexandre Boide]. — Cotia, SP: Latitude, 2021.

Título original: The art of taking it easy.
ISBN 978-65-89275-17-6

1. Corpo e mente 2. Emoções 3. Estresse (Psicologia) 4. Estresse (Psicologia) – Aspectos de saúde 5. Felicidade – Aspectos psicológicos 6. Saúde emocional 7. Tomada de decisão I. Título.

21-90879   CDD-155.9042

Índices para catálogo sistemático:
1. Estresse: Controle: Psicologia 155.9042
Eliete Marques da Silva – Bibliotecária – CRB-8/9380

Todos os direitos desta edição reservados à
VR EDITORA S.A.
Via das Magnólias, 327 – Sala 01 | Jardim Colibri
CEP 06713-270 | Cotia | SP
Tel.| Fax: (+55 11) 4702-9148
vreditoras.com.br | editoras@vreditoras.com.br

Para Alyssa,

Apesar de ser impossível proteger você de todas as coisas ruins que acontecem na vida, eu, com certeza tenho como lhe ensinar as habilidades necessárias para você encarar o que vier pela frente.

Sumário

PREFÁCIO
Você é feliz? 9

CAPÍTULO 1
Sobre ursos e trânsito 19
O que acontece na nossa cabeça em momentos de estresse? 26
Preocupação é roubada 35
O que acontece com nosso corpo em situações de estresse? 47
Sentimentos negativos e o estresse que os inspira 55

CAPÍTULO 2
Tomando decisões sob pressão 62
Nunca é tarde para mudar 68
Superando obstáculos 72

CAPÍTULO 3
Objetivos e planos 78
Se sentindo no controle, mesmo quando não estiver 84
Aprendendo do jeito mais difícil (Através de uma desagradável série de arrombamentos) 96

CAPÍTULO 4
Entrevista com uma pessoa com nervos de aço 103

CAPÍTULO 5
As escolhas que fazemos 112
A academia do outro lado da rua 115

CAPÍTULO 6
Três dias em Xpujil (uma história de Jon) 123

CAPÍTULO 7
Quebra-cabeças, jogos e ataques de ursos 134
Cultivando a resiliência nas crianças 140

CAPÍTULO 8
Praticando o pensamento positivo 155
O riso como válvula de escape 171
Cuidado com as frutas venenosas 180

CAPÍTULO 9
Sobrecarga e exaustão 187
O dinheiro não traz felicidade, mas as dívidas tiram 192
A maior ironia da minha vida moderninha 199

CAPÍTULO 10
Encarando desafios 209
Criando um carrossel 215

POSFÁCIO
Em busca da felicidade 220
Agradecimentos 222

Prefácio

Você é feliz?

Sinceramente, espero que sim. E não estou dizendo isso só para ganhar sua simpatia; a felicidade dos outros sempre foi uma coisa muito importante para mim.

Os comediantes costumam abrir suas apresentações dizendo: "Certo, vou falar um pouco sobre mim...". Então eu gostaria de contar um pouco sobre mim. Como está escrito na capa do livro, sou o dr. Brian King, embora raramente use esse título quando me apresento. Sou um cara bem informal, então a maioria das pessoas me chama só de Brian. Além disso, eu não me sinto confortável dizendo que sou o "dr. King" – esse nome já tem dono.[1]

Como palestrante com doutorado em psicologia, há quase uma década venho percorrendo os Estados Unidos para falar às plateias sobre felicidade, sobre os benefícios do humor e como lidar com o estresse. São temas inter-relacionados, uma vez que controlar o estresse é a chave para a felicidade, e o humor contribui para ambos. Dediquei boa parte da vida a ensinar às pessoas como dominar o estresse e ser mais felizes. Também faço shows de comédia *stand-up*, uma forma de arte cujo único propósito é dar alegria às pessoas. Os comediantes muitas vezes acabam não conseguindo, mas pelo menos é essa a intenção.

---

1 Caso você não tenha pegado a referência, pesquise qual feriado nacional é comemorado nos Estados Unidos na terceira segunda-feira de janeiro.

Ao que parece, tenho algum talento para transmitir informações com embasamento científico de forma bem-humorada, e esse é o segredo do meu sucesso como palestrante e, mais recentemente, como autor de livros. Em 2016, publiquei um livro chamado *The Laughing Cure*, sobre os benefícios físicos e emocionais do humor e do riso, que foi recebido com resenhas positivas e, segundo me disseram, ajudou pelo menos algumas pessoas a ter uma vida mais feliz.

Quando analiso minha vida, claro que vejo coisas que eu poderia ter feito diferente, mas sempre me preocupei com a felicidade dos outros. No ensino médio, eu fazia parte de um programa de mentoria que se baseava na ideia de que um aluno em apuros acharia melhor conversar com outro estudante, em vez de um adulto em uma posição de autoridade.[2] Na faculdade, fui voluntário de uma organização que ajudava a mobilizar e capacitar uma nova geração de mentores estudantis. Também dedicava meu tempo livre a iniciativas de caridade e trabalhava em um abrigo para crianças com problemas emocionais. Quando me tornei palestrante, foi como uma oportunidade de trabalhar com algo que sempre me atraiu.

Portanto, sim, eu estou interessado na sua felicidade.

E sei que existe a chance de, por ter escolhido este livro, a felicidade ser uma questão meio delicada para você no momento. Talvez você esteja encarando uma situação muito difícil ou sofrendo de ansiedade e depressão. Afinal, esses são os problemas de saúde mental mais comuns hoje em dia.[3] Talvez esteja em busca de resposta, na esperança de que nestas páginas exista alguma fórmula mágica para superar o problema que está tendo que enfrentar. Se for esse o caso, não quero fazer você desistir de continuar lendo, mas duvido que haja um livro

---

[2] O programa de Liderança e Assistência entre Pares é uma ótima ideia e uma experiência incrível. Para mais informações, ver: <http://plausa.org>.

[3] Os transtornos de ansiedade são a doença mental mais comum nos Estados Unidos e afetam 40 milhões de pessoas com mais de 18 anos, o que corresponde a 18% da população do país. (Fonte: National Institute of Mental Health. Disponível em: <http://www.nimh.nih.gov/health/statistics/prevalence/any-anxiety-disorder-among-adults.shtml>.

que traga todas as respostas. (A não ser que você esteja procurando por um número de telefone, e nesse caso eu tenho uma ótima recomendação. Mas ainda é 1997 onde você mora?)

Sem dúvida nenhuma, ler um livro não elimina a necessidade de procurar ajuda profissional, mas você pode considerar útil o que eu tenho para compartilhar aqui.

Aproveito para deixar bem claro: ninguém é feliz o tempo todo. Na verdade, ser feliz o tempo todo é um indicativo de transtorno mental.[4] As pessoas saudáveis têm flutuações emocionais. Temos nossos altos e baixos e, genericamente falando, temos uma determinada inclinação que define nosso estado emocional habitual. Se puséssemos nossos pontos altos e baixos na balança, chegaríamos a um equilíbrio emocional, por assim dizer.[5] Como qualquer característica humana, é de esperar que isso varie de pessoa para pessoa, o que de fato acontece. Alguns de nós somos naturalmente mais felizes, com uma inclinação na maior parte do tempo positiva, enquanto outros infelizmente ficam para baixo na maior parte do tempo, porém a maioria está em uma espécie de meio-termo: um nível de felicidade a que meu pai se referia como "Não tenho do que reclamar".

Quando me apresento para a plateia nas palestras, costumo começar afirmando que sou feliz, o que é verdade. Com certeza não sou a pessoa mais feliz que já vi na vida, mas nesse ponto estou acima da média. Eu simplesmente sei como pegar leve. Para a capa do meu outro livro, Jon, meu irmão, deu o seguinte depoimento: "Brian nunca se deixou afetar pelo estresse desde que o conheci, quando ele tinha 5 anos. Acho que aprendeu como lidar com o estresse e como viver de acordo com seus próprios termos desde muito cedo". No geral, levo a vida sem muito estresse, e, como consequência, meus períodos de bem-estar emocional são mais frequentes que os de desânimo. Isso não significa que

---

[4] Síndrome de Angelman.
[5] Para um excelente apanhado sobre pesquisas e teorias modernas de felicidade, ver Sonja Lyubomirsky, *A ciência da felicidade: um método científico para alcançar a vida que você deseja* (Rio de Janeiro: Elsevier, 2008).

eu não tenha enfrentado uma boa dose de situações adversas, que, sem dúvida nenhuma, aconteceram. Coisas ruins acontecem o tempo todo, mas no fim o que faz diferença na nossa vida é como lidamos com elas.

No ramo cada vez mais amplo da Psicologia Positiva, muitas pesquisas foram realizadas para determinar o que faz as pessoas felizes e por que algumas lidam com o estresse melhor do que outras. Certas características e tendências de comportamento foram identificadas e de alguma forma eu consegui chegar à idade adulta com um bom conjunto de habilidades para conquistar a felicidade. Em outras palavras, eu ponho em prática aquilo que prego. Por isso, tento usar exemplos pessoais sempre que posso (e às vezes simplesmente invento situações; afinal, sou um comediante). O doutorado em psicologia também ajuda, mas me deixe contar um segredo "não muito secreto": nem todos os psicólogos são pessoas positivas. Muitos deles também sofrem de depressão.

Agora você deve estar se perguntando por que gastei tantos parágrafos falando de mim mesmo. Ao longo deste livro, vou oferecer conselhos baseados no meu conhecimento como profissional com formação em psicologia, mas também vou contar sobre as minhas experiências pessoais. Além disso, considero importante saber quem é a pessoa que está transmitindo a mensagem para poder avaliá-la. Como dizem por aí, sempre verifique as fontes. Ah, se as pessoas fizessem isso antes de compartilhar um meme sobre política no Facebook... Enfim, a natureza humana é assim mesmo.

Só mais uma coisa sobre mim antes de seguirmos em frente. Depois de uma palestra sobre felicidade um dia desses, uma pessoa da plateia veio até mim e falou: "Então você é um cara feliz... você é casado?". E minha resposta foi: "Claro que não, eu disse que era *feliz*".

Em mais de uma ocasião, houve quem insinuasse que eu era feliz e desestressado por ser solteiro e não ter filhos. Embora eu nunca negasse que gostava de ser um homem não comprometido e responsável apenas por mim mesmo, existe uma quantidade imensa de pesquisas indicando que as pessoas casadas são mais felizes que as solteiras[6] e que as que têm filhos são mais felizes do que as que não têm[7] (mais uma vez, lembre-se que isso se aplica apenas em termos gerais). Os pesquisadores também sugerem que um dos principais motores da felicidade é o senso de propósito.[8] E, por exemplo, viajar o país ajudando as pessoas pode colaborar tremendamente nesse sentido. Mas sabe o que mais também funciona? Ser um bom companheiro ou companheira para alguém. Ou um bom pai ou uma boa mãe.

Minha vida mudou drasticamente desde a publicação do meu último livro. Minha companheira Sarah e eu começamos a namorar quando eu estava começando a escrever. Ela estava no Colorado a trabalho no verão, enquanto eu ainda estava em Los Angeles, tentando ficar famoso. Apesar da distância, nossa conexão era tão forte que decidimos dar o passo seguinte no nosso relacionamento: vender a maioria das nossas coisas, desmontar nossas casas e viajar o mundo juntos, como dois nômades. Sabe como é, essa coisa que todo mundo faz quando se apaixona. Um ano e meio depois, tínhamos conosco uma linda filha, Alyssa. Depois de continuar viajando por um tempo, decidimos voltar ao Colorado para que eu pudesse trabalhar neste livro que você tem em mãos. Com uma companheira e uma filha (puxa vida, isso é uma família!), minha vida parecia irreconhecível em relação ao estágio anterior.

Aos 45 anos, eu me tornei pai. Já sei o que você está pensando: "Uma criança cuidando de outra! Essa pessoa é jovem demais para ter um bebê!". Pois é, verdade. Eu tenho uma filha, mas sendo bem sincero foi Sarah quem fez quase

---

6 Linda Waite e Maggie Gallagher, *The Case for Marriage: Why Married People are Happier, Healthier and Better Off Financially* (Nova York: Broadway Books, 2002).

7 Pelo menos entre as pessoas casadas, segundo Luis Angeles, "Children and Life Satisfaction", *Journal of Happiness Studies*, v. 11, n. 4, 2010, pp. 523-538.

8 R. W. Robak e P. W. Griffin, "Purpose in Life: What Is its Relationship to Happiness, Depression, and Grieving?" *North American Journal of Psychology*, v. 2, n. 1, 2000, pp. 113-19.

todo o trabalho. Já na meia-idade, essa foi a minha primeira gravidez. Bom, na verdade quem engravidou foi ela, eu só contribuí com a inspiração.

Sou um cara mais velho, mas não um velho. Um dia, no Texas, eu tinha acabado de encerrar uma palestra e estava com Alyssa no colo cumprimentando as pessoas na saída. Sarah estava ao meu lado, e comentei com uma mulher que eu era um homem de sorte por poder levar minha filha comigo nas viagens. Ela respondeu: "Sim, e você deve adorar ter sua netinha por perto o tempo todo também". A vida não é mole, não.

E eu entendo. Nunca sofri tanto com o estresse quanto agora que sou pai. Minha filha me detestava nos seis primeiros meses de vida porque, por mais que eu tentasse, não conseguia amamentar. Sempre que ficava sozinho com ela, era uma decepção total. Mas, eventuais berreiros à parte, passo o tempo todo preocupado com seu futuro, como espero que todos os pais estejam em relação aos seus filhos. Sou atormentado com frequência pelos temores de não conseguir sustentá-la e pelas dúvidas sobre estar fazendo a coisa certa. Ela está com um ano e meio de idade neste momento e tentando me afastar do computador. A paternidade e a maternidade costumam vir acompanhadas de estresse, mas você já tentou escrever um livro de mais de duzentas páginas enquanto cuida de uma criancinha das mais exigentes?

Sério mesmo, ela está me puxando pela mão para ir passear. Alyssa, filhinha, o papai precisa escrever. A coisa está fluindo e... Bom, deixa eu só terminar esta parte... *Tudo bem*, vamos dar uma volta lá fora.

É verdade, ela me arrancou mesmo da frente do computador. Fomos até o parque no final da rua e pela primeira vez eu não era o pai mais velho do playground, mas era o menos tatuado. (Denver é uma cidade interessante.) Quando voltamos, preparei nosso almoço. Por falar nisso, como pai, preparei meu primeiro sanduíche de creme de amendoim. Mas, como minha filha tem só um ano e meio de idade, também fui eu que comi.

Eu não precisava compartilhar esse desvio de rota com você. Poderia ter desligado o computador, saído para dar uma volta e retomado de onde parei, mas mencionei esse acontecimento porque isso me leva a uma outra questão. Apesar de ser uma nova fonte de estresse, minha filha também é uma fonte de imensa felicidade para Sarah e para mim. Durante toda a minha vida, as pessoas sempre me disseram que ter filhos muda tudo. "Pois é", era o que eu respondia. "Eu sei. Já tive um cachorro."

Eu não fazia a menor ideia, e não existe como saber, da gratificação inacreditável que vem junto com o ato de se reproduzir. Toda vez que vejo os olhinhos da minha filha, meu coração se derrete todo. Agorinha mesmo, ela me fez levantar, calçar os sapatos e sair. Puxar Sarah e a mim pela mão é um comportamento relativamente novo para Alyssa. E no parque ela se arriscou em alguns novos brinquedos, interagiu com um grupo de crianças um pouco mais velhas e fez uma nova amizade. Na hora do almoço, depois de dar algumas mordidas no seu sanduíche, dormiu no meu colo, então agora estou digitando com os braços ao redor do seu corpinho. Adoro vê-la aprender, crescer e se desenvolver. Ah, e quando ela chora quero sempre fazer tudo o que está ao meu alcance para amenizar a situação. E, como sei que algum dia ela pode ler isto, seja o que for que eu diga no futuro, cada fralda que troquei foi uma imensa honra (lembre-se disso quando tiver que trocar as minhas, garotinha). Nunca imaginei quanto a minha vida mudaria. Antes de ter uma filha, eu jamais cogitei a hipótese de dividir sequer um pirulito com outro ser humano.

Sarah e eu conhecemos um monte de outros pais que vivem sob estresse constante. Os pais de crianças mais velhas comentam o tempo todo que essa fase foi uma época bem difícil para eles. E quer saber? A não ser por uma ou outra situação, para nós nunca foi exatamente difícil e, em termos gerais, está sendo espetacular. Assim como todo acontecimento na vida, a experiência de ter filhos depende da sua forma de lidar com o fato e de como isso influencia você. Antes de Alyssa, nós dois já éramos pessoas em grande parte positivas e resilientes, então parece razoável que tenhamos trazido conosco essas características para esta nova fase da vida. Uma coisa é certa: duvido que no futuro alguém na plateia venha dizer que sou feliz e desestressado porque não tenho filhos.

Se você leu meu livro anterior (e, caso não tenha lido, que tal comprar um exemplar depois de ler este? Todos os lucros com as vendas serão revertidos à causa de manter viva uma linda garotinha), deve lembrar que um dos benefícios de rir e ter senso de humor é que isso nos ajuda a ser felizes. Para usar uma citação tantas vezes atribuída a William James, o pai da psicologia americana: "Nós não damos risada porque somos felizes, nós somos felizes porque damos risada". A felicidade é um ótimo sentimento e bastante preferível à alternativa oposta, mas para muita gente é uma coisa difícil de conseguir por causa do estresse. Se aprendermos a lidar com o estresse, teremos mais potencial para ser felizes. Felizmente, o riso e o bom humor também ajudam a reduzir o estresse, o que, por sua vez, nos ajuda a ser felizes.[9] Como comediante, e como alguém que gosta de dar boas risadas, esse é o benefício que mais gosto de citar nas minhas palestras.

Neste livro, resolvi me concentrar mais em como lidar com o estresse e ser mais resiliente. Adoro inspirar as pessoas a serem felizes, e isso é importante, mas o controle do estresse traz muito mais benefícios à nossa vida do que simplesmente nos tornar mais felizes. Por ser um fator que contribui para vários tipos de sofrimento mental e físico,[10] o estresse é uma questão que precisamos resolver na nossa vida. Se pudéssemos ensinar as pessoas a controlar o estresse, poderíamos reduzir e até eliminar uma boa dose de sofrimento da nossa vida. Não considero que este seja um livro de autoajuda, e sim uma forma de dar conselhos práticos sobre como lidar com o estresse de uma forma que, espero, possa ser divertida. Neste livro, vou discutir o estresse em maiores detalhes para

---

9 Falei um pouco sobre isso no meu livro anterior, mas listo aqui alguns artigos de referência: Mary Payne Bennett e Cecile Lengacher, "Humor and Laughter May Influence Health: II. Complementary Therapies and Humor in a Clinical Population", *Evidence-Based Complementary and Alternative Medicine*, v. 3, n. 2, 2006, pp. 187-190. Lee S. Berk, Stanley A. Tan, e Dottie Berk, "Cortisol and Catecholamine Stress Hormone Decrease is Associated with the Behavior of Perceptual Anticipation of Mirthful Laughter", *The FASEB Journal*, v. 22, n. 1, suplemento, 2008, p. 946.11.

10 Inclusive, mas não só: ansiedade, dores crônicas, depressão, diabetes, fibromialgia, hipertensão, doenças autoimunes, obesidade, osteoporose e várias outras coisas!

que você entenda por que ele tem tanto impacto na nossa qualidade de vida. Também vou tratar das perguntas mais frequentes que me fazem nas minhas palestras e expandir as informações sobre controle de estresse que apresentei no livro anterior. Como mencionei antes, nem este nem nenhum outro livro servem como substituto para a terapia conduzida por um profissional de saúde mental, então, por favor, lembre-se disso e procure ajuda caso esteja sofrendo muito. O estresse é um fator desencadeante de várias doenças e distúrbios mentais,[11] como depressão, ansiedade, transtorno obsessivo-compulsivo (TOC), abuso de drogas e, obviamente, transtorno de estresse pós-traumático (TEPT). Se você estiver enfrentando esses ou outros problemas, *por favor, procure ajuda profissional*. Porém, ler estas páginas pode ajudá-lo a aprimorar suas habilidades de controle de estresse, e todo mundo precisa de uma ajudinha de tempos em tempos. Mesmo quem já é feliz pode se beneficiar também – afinal, quem não quer ser ainda mais feliz? Felicidade não tem limites.

LEMBRE-SE
- Este livro NÃO tem a intenção de servir como substituto para a necessidade de fazer terapia.
- Este livro tem como ÚNICA intenção ser uma fonte de entretenimento, informações e conselhos.

Escrevi este livro tendo em mente o público em geral, fornecendo as referências a quem deseja se aprofundar no assunto e obter mais informações. Mesmo que você não conheça meu estilo, se já chegou até aqui, obviamente percebeu que não se trata de uma obra acadêmica ou destinada a profissionais da área. Eu cito algumas fontes, mas nem de longe se trata de um panorama da literatura científica. Apenas deixo as referências como ponto de partida para

---

[11] Na verdade, com algumas poucas exceções, o estresse contribui para quase todas as doenças descritas na literatura especializada. O principal livro de referência no assunto é: Associação Americana de Psiquiatria, *Manual diagnóstico e estatístico de transtornos mentais* (DSM-5) (Porto Alegre: Artmed, 2014).

leitores mais curiosos e porque fui educado à escrita acadêmica, e certos hábitos são difíceis de abandonar. Se, de alguma forma, eu for parar no *Oprah Winfrey Show*[12] (talvez algum dia ela volte a fazer o programa, vamos manter os dedos cruzados), lembre-se de que algumas das histórias que conto aqui foram exageradas para maior efeito dramático, mas as informações que apresento, até onde sei, são absolutamente verdadeiras. Posso ter um diploma bacana de psicologia, só que também sou um comediante. A propósito, se ser feliz anda deixando você estressado, é porque *está fazendo tudo errado*!

---

[12] Estou me referindo à polêmica em torno de James Frey e seu livro *Um milhão de pedacinhos*. Se você não captou a referência, não se preocupe, Sarah também não entendeu nada.

1

Sobre ursos e trânsito

Muito bem, agora que já me apresentei como deveria e situei você sobre o que vai ler neste livro, vamos começar do princípio, do básico. Sei que usei bastante a palavra "estresse" no capítulo anterior, mas o que é isso exatamente? Todo mundo já teve estresse – sabemos o que é do ponto de vista da experiência e, inclusive, alguns de nós podemos até estar vivendo uma situação estressante neste momento –, porém, saindo do âmbito pessoal, acho importante entender o estresse e seus componentes fundamentais. A descrição mais simples que já encontrei é que se trata de uma reação do nosso cérebro à percepção de uma ameaça. Uma explicação simples e direta.

Repare na menção à ameaça: essa é a chave para entender a resposta. Todo estresse é uma reação a uma ameaça, seja na tentativa de cumprir um prazo, de pagar as contas em dia, de conseguir se locomover no trânsito ou enfrentar uma invasão alienígena. Ora, podemos não nos sentir conscientemente sob ameaça toda vez que nos estressamos, e pode não haver sequer uma ameaça real pairando no ar, mas nosso cérebro reage como se estivéssemos sendo ameaçados ou colocados em algum tipo de perigo. Nosso cérebro não sabe fazer essa diferenciação muito bem.

Gosto de usar o trânsito como exemplo, porque ajuda as pessoas a entender a fonte do estresse. Todo mundo já pegou trânsito e provavelmente todo mundo já se estressou no trânsito, então trata-se de uma experiência bastante comum. Eu morei em Los Angeles, uma cidade famosa pelo trânsito pesado e por praticamente nada mais. Pense em alguma situação que passou de grande estresse no trânsito. Pode ter sido no horário de pico da manhã. Seja qual for a imagem que venha à sua mente, você deve ter pensado justamente em um momento em que o trânsito era o motivo do estresse, mas – a não ser que você viva em um mundo pós-apocalíptico de corridas mortais ao estilo *Mad Max* – sua percepção provavelmente estava errada.

O trânsito não representava uma ameaça a você. Os carros ao seu redor não estavam lá para causar prejuízo ou atacar você de forma nenhuma. Em nenhum momento daquela manhã centenas de desconhecidos se reuniram e disseram: "Muito bem, hoje precisamos fazer a Judy chegar atrasada ao trabalho e deixá-la maluquinha ao mesmo tempo! O plano é o seguinte: metade de nós vai entrar na frente dela e andar bem devagar. A outra metade vai atrás buzinando sem parar. Vamos nessa!". Por mais que pudesse ser divertido ver a Judy em uma situação como essa, isso não aconteceu. Aliás, também não existe nenhuma Judy.

Então, por que o trânsito parece ser tão estressante? Pois bem, nosso cérebro cria coisas chamadas crenças, valores e expectativas, que influenciam nossa percepção de mundo. Você pode acreditar que precisa estar em algum lugar em um determinado horário, digamos às nove da manhã. Talvez sua crença seja reforçada pelas expectativas dos outros, porque, Judy, todo mundo sabe que você já levou uma advertência por chegar atrasada ao trabalho. Mas é a crença de que você vai perder a hora que faz seu cérebro entender o trânsito como uma ameaça ao seu meio de ganhar a vida. Talvez você valorize a pontualidade (ao contrário da Judy) e considere que chegar fora da hora marcada a um compromisso gera um impacto negativo na sua imagem. Talvez você simplesmente alimente a expectativa de que, quando chega à via expressa, deve trafegar a uma determinada velocidade, e o trânsito da manhã acabe contrariando essa expectativa. Ou talvez você só seja desorganizada mesmo, Judy. Seja como for, eu gostaria de esclarecer que em todas essas situações a ameaça percebida é fruto dos seus pensamentos. O trânsito era real, mas foram suas crenças, seus valores e suas expectativas que transformaram a situação em algo considerado estressante.

Por outro lado, existem momentos em que lidamos com situações de fato ameaçadoras. O outro exemplo que gosto de usar é o de ser atacado por um urso. Esse é o meu exemplo de uma fonte real de estresse. Só para deixar claro, nunca fui atacado por um urso, então até meu exemplo real é imaginário. Mas sou perfeitamente capaz de imaginar a aproximação de um urso furioso querendo defender seu território, com as presas expostas, as garras à mostra, correndo na minha direção e pronto para dar o bote. Se realmente estivermos nessa situação, o urso seria uma ameaça bastante real e incontestável. Acredito que, se resolver sair na porrada com um urso, vou levar a pior. Acho que, se o urso me atacar, vai fazer picadinho de mim, e não virar picadinho é uma coisa que eu valorizo. Meu cérebro com certeza perceberia essa situação como uma ameaça, e por um bom motivo.

Sei que existem pessoas que já foram atacadas por ursos e, se esse for seu caso – e ler estas palavras esteja trazendo à tona lembranças horríveis –, eu sinto muito, mas você vai precisar superar seu trauma antes de ler este livro. Nas minhas palestras, o urso é meu animal predileto para explicar essa questão. Já tentei usar outros, mas não funciona muito bem. Para me garantir contra eventuais constrangimentos, comecei a pedir para as pessoas imaginarem que estavam sendo atacadas por um tigre. Imaginei que, como estou nos Estados Unidos, não haveria muita chance de ter alguém na plateia que já foi atacado por um tigre, não é mesmo? Os tigres nem sequer vivem aqui.[13] Mas então, um dia, em Louisville (só podia ser no Kentucky mesmo, né?), um cara veio falar comigo

---

13 Descobri recentemente que, embora não seja seu hábitat natural, um número alarmante de tigres é mantido em cativeiro na América do Norte. Ao que parece, eles são bem fáceis de comprar: Harmon Leon, "America Has a Tiger Problem", *The Observer*, 11 set. 2018. Disponível em: <https://observer.com/2018/09/america-tiger-problem-buying-big-cats-legal/>. E, o que é *ainda* mais maluco, um colégio de ensino médio em Miami achou que seria uma boa ideia exibir um tigre dentro de uma jaula em seu baile de formatura: Kalhan Rosenblatt, "Tiger at Prom? Miami School Faces Backlash for Bringing Exotic Animal to Dance", *NBC News*, 14 maio. 2018. Disponível em: <https://www.nbcnews.com/news/us-news/Miami-school-faces-backlash-bringing-live-tiger-prom-n873846>.

depois da palestra e disse: "Você não vai acreditar, mas eu fui ao zoológico um dia e o tigre fugiu!".[14]

Depois disso comecei a falar sobre o animal imaginário favorito de todos, o unicórnio. O problema era que as pessoas não conseguiam se imaginar dentro da história. Todo mundo vê os unicórnios como criaturas gentis, benevolentes e mágicas que passam glitter na pelagem e soltam arco-íris pela bunda. Até a Judy tem uma coleção de unicórnios de brinquedo em casa. Mas um unicórnio de verdade mataria você! Ele tem um chifre na cabeça! Para que você acha que serve esse chifre? É uma arma branca! Não cresceu ali para as meninas brincarem de jogar argolas. O unicórnio iria furar você, pisotear seu corpo e soltar um arco-íris pela bunda só para tornar a coisa ainda mais humilhante.

Muito bem, agora você entende por que eu voltei aos ursos.

Em última análise, superar o estresse e controlar seu impacto na nossa vida depende da seguinte constatação básica: a maior parte de nosso estresse é causada por situações percebidas como ameaças, não por ameaças claras e iminentes. Se você vai ficar esquentando a cabeça no trânsito, de forma consciente ou não, com os pensamentos voltados para o que pode acontecer e não para o que está de fato acontecendo, então pode muito bem se preocupar com unicórnios.

Um dos primeiros conselhos que tenho a dar é o seguinte: aprenda a avaliar seu estresse. Aprenda a diferenciar entre os ursos e o trânsito. A primeira coisa que devemos fazer quando começamos a nos sentir agitados e estressados é parar tudo e perguntar: "Esta situação é ameaçadora mesmo?". Caso seja, então, Houston, nós temos um proble... hã, quer dizer, um urso!

É um questionamento bem simples, na verdade, e exige o tipo de lucidez que não costumamos ter quando estamos com raiva ou com medo ou o que

---

[14] Graças a nossos amigos Craig e Nancy, nós moramos a quinze minutos a pé do Denver Zoo. Compramos um passaporte anual assim que chegamos e já fizemos diversas visitas ao parque. Até hoje, não houve nenhuma fuga que tornasse meu exemplo com ursos menos hipotético.

quer que seja, mas, se tirarmos um tempinho para avaliar nosso estresse, isso vai ajudar a nos acalmar. Mais uma vez, imagine que está no meio de um trânsito pesado e começa a sentir seu sangue ferver. Antes de reagir a esse estímulo, pergunte se a situação representa alguma ameaça real a você. Muito provavelmente vai concluir que não e vai começar a se acalmar.

Mas e se for uma situação ameaçadora? E se você sofrer mesmo um ataque de um urso? Você pode responder à pergunta que vem a seguir: "Eu tenho como fazer alguma coisa a respeito?".

O primeiro questionamento é ótimo para ajudar nossa mente a raciocinar e assumir o controle diante de uma reação de estresse (volto a falar sobre isso mais tarde, prometo), e o segundo nos auxilia a ajustar nosso comportamento à situação. Vamos detalhar um pouco mais essas questões tendo em vista a situação do estresse no trânsito.

Aqui estou eu, fingindo estar parado no trânsito:

Ah, não, esse trânsito está me enlouquecendo! Que raiva! Mas, espera aí, o trânsito por acaso é uma situação ameaçadora? Bom, acho que não. Está todo mundo se movendo na medida do possível e ninguém está exibindo um comportamento agressivo, o tráfego só está lento. Acho que é melhor relaxar e não pensar mais nisso até a situação melhorar um pouco.

ou

Sim, é uma ameaça real! Eu tenho um avião para pegar. Se eu chegar atrasado, posso perder o voo!

Na segunda situação, dá para entender meu estresse. Pois bem; posso fazer alguma coisa a respeito? Em termos realistas, a resposta é "não". Eu "não" tenho a capacidade de fazer os carros abrirem caminho na minha frente em um passe de mágica, como se fosse o Mar Vermelho – eu não sou Moisés. Também não tenho como convencer ninguém a me dar passagem, e não existe nenhuma rota alternativa que eu possa pegar. Só o que posso fazer é esperar. Às vezes nós ficamos parados no trânsito mesmo.

Se em uma situação ameaçadora existe alguma coisa que possa ser feita, então faça. Mas, se não houver jeito, para que o estresse? Ora, além de se atrasar, você vai se desgastar por causa de uma situação que não tem como ser resolvida. Vai ficar marinando no próprio estresse. Tente não deixar espirrar a marinada no banco do carro.

Muito bem, agora vamos ser atacados por um urso:

Ah, não, tem um urso correndo na minha direção!

Certo, mas é uma situação ameaçadora mesmo?

Dã, é um urso! Provavelmente a coisa vai ficar bem feia para o meu lado.

Eu posso fazer alguma coisa a respeito? Bom... Isso vai depender de algumas coisas, por exemplo: o que eu sei sobre ursos, de que tipo de urso se trata, o que eu tenho nas mãos, o que existe ao meu redor e em que forma física estou. Digamos que a resposta seja "sim". Sim, eu acredito que possa fazer alguma coisa que vá me ajudar a sobreviver ao ataque do urso. Então é melhor eu me estressar.

Isso chega a ser surpresa? Se estamos diante de uma ameaça real e podemos fazer alguma coisa a respeito, nossa reação de estresse vai ser de grande ajuda. Quando estamos estressados, nosso cérebro e nosso corpo promovem alterações fisiológicas que nos auxiliam a agir contra a ameaça que estamos enfrentando. Quando esse sistema funciona, o estresse ajuda a melhorar nossa chance de sobreviver ou de não perder o voo ou de escrever o livro no prazo. Seja qual for a ameaça, o estresse está lá para nos ajudar a vencer o desafio.

O problema é que, na maioria das vezes, não existe urso nenhum. Lembre-se: o estresse não é nossa reação a uma ameaça, e sim à percepção de uma ameaça. Se nós ficássemos estressados só quando estivéssemos sob uma ameaça de verdade, as doenças provocadas pelo estresse seriam bem menos comuns do que são hoje, e eu não teria por que escrever este livro.

Graças às gerações de seres humanos que viveram antes de nós, suportando grandes dificuldades e criando o mundo moderno, nossa vida é bastante segura e confortável. Quando saímos de casa, não precisamos temer ataques repentinos de nossos inimigos, não precisamos competir com outros predadores por alimentos e quase nunca somos atacados por ursos – ou qualquer outro animal selvagem, aliás. Nosso corpo tem um sistema destinado a nos ajudar a escapar de ataques de ursos. Mas, em vez disso, nós o usamos para resmungar e choramingar sobre a inconveniência de pegar trânsito.

UM RESUMINHO PARA QUEM ESTÁ SÓ FOLHEANDO O LIVRO:
- Quando ficamos estressados, devemos perguntar: essa é uma ameaça real?
- Caso seja, existe alguma coisa que eu possa fazer a respeito?

Acho que já discutimos um ponto bastante importante aqui: a necessidade de avaliar nossos fatores de estresse. Um breve diálogo interior pode não parecer uma intervenção muito significativa, mas pode ser extremamente útil. Vou dar um exemplo de quando tive uma chance de fazer isso.

Eu estava dando uma palestra sobre estresse e, antes do intervalo, transmiti à plateia o mesmo conselho que acabei de compartilhar com você. Meus eventos costumam acontecer em centros de convenções de hotéis, que geralmente se encarregam do café servido durante o intervalo. E em geral eu uso esse tempo para reabastecer minha caneca também.

Eu entrei na fila, e havia duas ou três mulheres na minha frente. Estava tudo bem, e as pessoas estavam se servindo tranquilamente, até que a mulher à minha frente chegou à cafeteira. Depois de esperar com toda a paciência que as pessoas na fila terminassem de se servir, ela pegou um copinho vazio, colocou sob o bocal da garrafa térmica e acionou a torneirinha, mas não saiu nada. Nem uma única gota. A mulher na frente dela devia ter pegado o que sobrou do café.

Fiquei observando sua reação à situação. Ela ficou vermelha, começou a estremecer e parecia visivelmente irritada. Em seguida, porém, disse bem baixinho "Isso não é uma ameaça para mim" e começou a se acalmar. O que ela não sabia é que eu estava logo atrás, e nesse momento a cutuquei no ombro para fazer minha presença ser notada.

"Finalmente alguém entendeu!", eu falei, e nós esperamos juntos a garrafa ser enchida de novo.

O que acontece na nossa cabeça em momentos de estresse?

Até aqui tratamos do estresse em termos simples, usando meus habituais exemplos hipotéticos envolvendo ursos e trânsito. Vou contar um segredinho para você: por um tempo, cheguei a considerar que "Ursos e trânsito" fosse o título deste livro (com certeza é melhor que "Livro sem nome sobre como controlar o estresse"), mas decidi que era melhor não, porque pensei que poderia parecer propaganda enganosa para os milhares de leitores em busca de aprender mais sobre os animais e os carros que dirigem.

Conforme mencionei, uso esses exemplos como uma representação de situações ameaçadoras – as que provavelmente envolvam algum grau de perigo (como os ursos) e aquelas em que a ameaça se deve mais à nossa atividade mental ou ao fato de o cara na nossa frente estar claramente falando no celular e andando devagar demais para estar na pista da esquerda, e com a seta ainda ligada como se fosse virar à esquerda. *O que ele vai fazer, invadir a pista contrária? Aliás, quem deixou esse cara tirar carteira de motorista? Ah, que ótimo, agora vou me atrasar para a minha aula do programa de controle de raiva. Mas que babaca.*

Sendo a fonte de estresse real ou não, quando nosso cérebro considera uma situação ameaçadora, o processo desencadeado é o mesmo. Assim como a equipe de segurança do aeroporto, nosso cérebro precisa levar todas as situações a sério, porque qualquer falha na identificação de ameaças pode ser desastrosa. Portanto, sempre que nos deparamos com determinado estímulo – seja um urso, uma via expressa cheia de carros se movendo lentamente ou um banhista que por algum motivo resolveu usar sapatos –, a primeira coisa que nosso cérebro faz é determinar se esse estímulo pode nos matar. Trata-se de uma decisão de alta prioridade que o cérebro precisa tomar antes de fazermos qualquer outra coisa. Tenho certeza de que é desnecessário explicar para você por que é tão importante que nosso cérebro faça isso.

Mas agora vou fazer uma pequena pausa na discussão para preparar você para o que vem pela frente nos próximos parágrafos. Como mencionei antes, este não é um livro técnico, e minha intenção não é explicar as coisas com muitos detalhes; mas preciso falar um pouco da anatomia do cérebro e do sistema nervoso, bem como de sua relação com as funções corporais. Sei que estou correndo o risco de você pular algumas páginas, mas prometo que só vou me ater às coisas simples e relevantes. Além disso, um pouco de conhecimento sobre neurociência nunca fez mal a ninguém. Todos nós temos um cérebro humano, então acho necessário ter algum entendimento sobre como ele funciona. Ademais, minha área dentro da psicologia era a neurociência, e "Brain" é um erro de digitação muito comum quando as pessoas escrevem meu nome (e fica ainda mais bacana quando acrescentam meu sobrenome e eu viro alguém chamado "Brain King"), então eu meio que me sinto obrigado a falar sobre o cérebro. Não se preocupe (e vou falar sobre preocupação também mais adiante): este não é um livro acadêmico e nada do que está aqui vai cair na prova, até porque você não vai fazer prova nenhuma.

Voltando ao assunto, a primeira coisa que o cérebro precisa fazer quando nos deparamos com um estímulo é determinar se estamos diante de um perigo. Esse processo se chama *avaliação de ameaças* e ocorre em uma área do cérebro chamada *amígdala cerebelosa*. Trata-se de uma estrutura bilateral em formato de amêndoa localizada em uma região profunda do cérebro e que faz parte de um grupo de estruturas chamado *sistema límbico*, que atua em experiências como: sentir emoções, aprender, formar memórias (em especial as relativas a sentimentos) e processos decisórios básicos. Também é bom ressaltar que a atividade da amígdala cerebelosa, assim como a da maior parte do cérebro, acontece sem que tenhamos consciência disso. Ou seja, é uma área crucial que tem uma função importantíssima na nossa vida, mas nós não fazemos nem ideia de quando ela entra em ação.

As informações sobre o estímulo com que nos deparamos chegam ao cérebro através dos órgãos sensoriais e são transmitidas à amígdala cerebelosa para que o perigo potencial seja avaliado. Contextualizações detalhadas, lembranças de experiências anteriores e determinados instintos atuam para que haja uma decisão rápida sobre o fato de o estímulo em questão ser ou não um problema. Por exemplo, digamos que nos deparamos com um urso (sim, de novo). Esse urso representa ameaça? O contexto pode ser uma trilha que estamos fazendo desacompanhados nas montanhas de Sierra Nevada, e de repente nos damos conta de que o salmão defumado em lata para o almoço foi uma péssima opção, ou então podemos estar olhando para o urso que está do outro lado da grade em sua jaula no Denver Zoo. Obviamente, o contexto influencia nossa avaliação da ameaça. Nossas lembranças podem incluir experiências diretas com ursos, porém é mais provável que a maioria de nós tenha adquirido conhecimento a esse respeito por meios indiretos, como estudando ou ouvindo histórias sobre ataques de ursos.

Ao contrário das lembranças, os instintos não são adquiridos – são parte integrante da nossa configuração genética. Não sei se alguém já foi capaz de identificar todos os nossos gatilhos instintivos, mas acredito que existam certas características comuns a todos os predadores, como costas arqueadas, rosnados ou presas expostas, às quais reagimos intrinsecamente. Sejam quais forem os sinais de ameaça, é sensato acreditar que eles estão presentes. Observar o desenvolvimento da minha filha ao longo dos últimos dezoito meses ajudou a confirmar isso para mim. Sem nenhum conhecimento prévio sobre cachorros, na primeira vez que ela viu o cachorro do meu irmão Jon (um bicho bem manso, mas com o dobro de seu tamanho) ficou compreensivelmente amedrontada.[15] Imagino que, considerando a ausência de experiência prévia, a amígdala cerebelosa tende mais para a cautela, e está certíssima. O medo inicial mais tarde foi superado através da exposição contínua e do aprendizado, e hoje, como a

---

15 Ela também não tinha experiência com ursos e, na primeira vez que viu um na TV, em uma cena de *Supertiras 2*, ficou incomodada e me pediu para mudar de canal.

O que acontece na nossa cabeça em momentos de estresse?

maior parte das crianças de sua idade, ela adora cachorros (apesar de parecer bem mais à vontade com os gatos). A maioria de nós, quando de repente se vê diante de um urso na nossa situação hipotética, provavelmente teria uma reação instintiva, porém desconfio que não temos conhecimento sobre ursos agressivos nem experiência prévia com eles – a não ser que sejamos domadores de circo, frequentadores do parque do Zé Colmeia ou lenhadores que vivem isolados nas montanhas.

O grande lance da amígdala cerebelosa é sua capacidade de processar informações relevantes extremamente rápido, em especial quando comparada a outras partes do cérebro. Eu mencionei que a amígdala cerebelosa participa dos nossos processos decisórios e que é uma parte inconsciente do cérebro. Também existe uma parte consciente do cérebro envolvida com frequência na nossa tomada de decisões; você a está usando agora mesmo, enquanto lê esta frase. O córtex pré-frontal, a parte do cérebro que fica logo atrás da testa, é onde a maior parte da atividade a que nos referimos como "pensamento" acontece. Usar essa parte do cérebro para tomar decisões é bastante apropriado na maioria das situações, mas leva tempo. Nosso processo mental consciente pesa os prós e os contras de cada escolha, analisa experiências prévias e imagina futuros desdobramentos, leva em conta as normas e expectativas sociais e faz um monte de outras coisas que não vou citar porque este parágrafo já está ficando longo demais, mas você já entendeu aonde quero chegar. A tomada de decisão consciente é lenta, bem lenta. Imagine se usássemos esse processo para determinar se estamos sob ameaça. *Isso é um urso? Que tipo de urso será? Sei que os ursos podem ser perigosos, mas os cachorros também, e o do meu irmão é bem bonzinho. Parece que ele pode atacar, mas também pode estar só curioso...* Quando desse por mim, meu corpo já estaria sendo desmembrado. Estamos tratando de identificar potenciais perigos, então quanto mais rápido chegarmos à conclusão correta, maior nossa chance de sobreviver.

Quando a amígdala cerebelosa determina que um estímulo representa uma potencial ameaça, manda um sinal para uma outra área chamada *hipotálamo*, que também faz parte do sistema límbico. Por sua vez, o hipotálamo aciona o *sistema nervoso simpático*, responsável por todo um conjunto de alterações fisiológicas. Essas alterações, de que trataremos mais adiante, preparam nosso corpo para as ações que devemos executar. O sistema como um todo opera tão depressa que nosso corpo sente essas mudanças antes mesmo que nossa mente consciente perceba. Em outras palavras, nós nos deparamos com um estímulo, avaliamos inconscientemente se é uma ameaça e começamos a reagir antes mesmo de nos darmos conta do que temos diante de nós.[16] Isso tudo é ótimo quando estamos de fato sob ameaça. Por exemplo, antes de você se tocar que está frente a frente com um urso, provavelmente já está se preparando para fazer alguma coisa a respeito. Mas, caso não se trate de uma situação em que uma reação de estresse é apropriada, isso pode levá-lo a agir sem pensar. Você pode estar dirigindo, e o trânsito de repente começar a andar. Sem se dar conta, você já entrou em um estado de agitação que provavelmente vai influenciar seu comportamento ao volante.

Por falar em comportamento, a amígdala cerebelosa também manda informação para uma área chamada *núcleo accumbens*, localizada bem perto do centro do cérebro. Gosto de apontar a localização porque, mesmo que você não saiba nada a respeito, vai entender que se trata de uma coisa importante. Com exceção, digamos, dos destróieres estelares da série *Star Wars*, em geral, quanto maior a importância de uma coisa, mais bem protegida ela fica. Ao contrário dos oficiais mais graduados do Império (cuja ponte de comando fica na parte mais vulnerável da nave), o núcleo accumbens, além de ser protegido pelo crânio, também é isolado por várias camadas de tecido cerebral. Todas as estruturas presentes na parte central do cérebro são fundamentais para nos manter vivos. Você pode sobreviver sem a capacidade de pensar, e alguns exemplos de

---

16 Isso também acontece quando sofremos um ataque de pânico.

pessoas que são provas disso me vêm à mente, mas teria problemas em preservar sua vida sem essas partes do cérebro.

O núcleo accumbens não determina nosso comportamento, mas é um fator motivador importante. Você já pode ter ouvido falar que essa parte do cérebro colabora para nossa sensação de recompensa, ou para nosso aprendizado através de reforço positivo ou negativo. Isso é verdade, mas, falando de forma bem simples (que é minha maneira favorita de falar), o núcleo accumbens avalia o valor relativo de nossas opções. O valor de qualquer opção pode ser positivo, por exemplo, beneficiando nossa vida com a adição de algo, em geral uma coisa agradável (o que chamamos de "reforço positivo" ou "recompensa"), ou negativo, beneficiando nossa vida com a remoção de algo desconfortável ou doloroso (o que pode ser chamado de "reforço negativo" ou "alívio"). Basicamente, eu posso tornar minha vida melhor comendo bolo de chocolate ou escapando de uma ameaça. O grande lance do núcleo accumbens é que ele não está nem aí se essa melhoria vai vir mediante uma recompensa ou um alívio – é o valor relativo que importa. Se comer bolo tiver mais benefício imediato do que fazer vinte flexões, acho que já dá para saber qual opção meu cérebro vai escolher. Ainda volto a essa questão mais tarde.

Hipoteticamente, digamos que estamos diante de alguma situação ameaçadora. Humm, vejamos... Digamos que estamos sendo atacados por um urso. Sim, isso mesmo! Nossa amígdala cerebelosa acabou de determinar que essa situação representa perigo e alertou nosso sistema nervoso simpático. Ao mesmo tempo, aciona o núcleo accumbens, que meio que se pergunta: "E agora, o que eu faço?". Talvez ele identifique algumas opções. Talvez uma das opções seja nos prepararmos para nos defender; ou talvez correr seja uma opção; ou talvez nos jogar no chão, nos fingir de mortos e torcer para o urso ser manso. Todas essas opções envolvem alívio, e não recompensa. Sei que é difícil de acreditar, mas existem problemas que um bolo de chocolate não é capaz de resolver.

Correr, se preparar para um enfrentamento e se fingir de morto não são comportamentos muito complexos, e é por isso que são as primeiras hipóteses que vêm à mente. O núcleo accumbens identifica as opções que já utilizamos ao longo da vida (sabe como é, considerando todas as vezes em que você fugiu, brigou ou se fingiu de morto), de modo que nosso cérebro aprendeu a realizar essas ações sem ao menos precisar pensar a respeito. Lembre-se de que neste contexto o pensamento consciente só nos atrasaria, então as opções se resumem a comportamentos simples e adquiridos. Você pode reconhecer essas opções em termos de lutar, fugir ou travar, respectivamente. Todas essas opções têm um valor associado a elas, com base em experiências passadas, e a opção com o melhor valor relativo vai ser escolhida pelo núcleo accumbens. Você é bom ou boa de briga? Então pegue uma pedra ou um pedaço de pau e se prepare para a batalha! Você consegue correr bem rápido? Então sebo nas canelas! Você é como eu, e não se sai bem em nenhuma das duas coisas? Não consigo nem me lembrar da última vez que briguei e tenho quase certeza de que a última vez que corri foi para não perder o caminhão de sorvete. Então é melhor deitar em posição fetal e torcer para o seu sabor não ser lá aquelas coisas. Alguns de nós podemos até tomar certas medidas para parecermos menos saborosos, se é que você me entende, e estragar a comilança do urso.[17]

    A essa altura você já deve ter entendido que estou usando exemplos meramente hipotéticos. Mas só para deixar bem claro: não leve *ao pé da letra* o que está sendo dito aqui. Eu posso ser muitas coisas, mas especialista em comportamento de ursos não é uma delas. Antes de sair na porrada com animais gigantescos ou de tentar fugir de um bicho que pode chegar a uma velocidade de 65 km/h,[18] é bom se informar melhor a respeito primeiro. Existem recomendações sobre o que fazer caso você dê de cara com um urso, então não venha pôr a culpa em mim se acabar se dando mal, Cachinhos Dourados.

---

[17] Sim, é isso mesmo que você está pensando. A perda de controle da bexiga também é comum em situações de grande estresse.

[18] Se você estiver fugindo de um urso-pardo.

Vamos usar outro exemplo. Imagine que você está dirigindo em uma via expressa e de repente se vê no meio de um congestionamento. Assim que seu cérebro percebe a iminente diminuição de velocidade, sua amígdala cerebelosa identifica isso como uma ameaça e avisa seu núcleo accumbens, que por sua vez avalia suas opções. Você pode lutar, fugir ou travar. Obviamente, essas são categorias genéricas de comportamento, mas como essas opções se traduziriam no contexto do trânsito? Lutar pode significar diversos tipos de comportamento, como buzinar loucamente, gritar com os outros motoristas, mostrar o dedo do meio para mandar os outros para aquele lugar (seja ele qual for em sua cultura local) ou assumir uma conduta agressiva ao volante. Por outro lado, fugir de um congestionamento é bem difícil, mas de repente você pode pegar o primeiro retorno que aparecer ou até trafegar pelo acostamento. Digamos que, por algum motivo, lutar seja uma reação mais valiosa para o seu cérebro do que fugir, então você mete a mão da buzina, incomodando os motoristas sem consideração que ousaram ficar presos no trânsito bem na sua frente. Neste ponto, convém lembrar que tudo isso – desde a identificação da "ameaça" até buzinar irritantemente e mostrar o dedo do meio – aconteceu sem o envolvimento de nenhum pensamento consciente.

Pelo menos eu prefiro pensar que esse tipo de comportamento não tem uma motivação consciente; caso contrário, teria uma opinião bastante desfavorável a respeito da nossa espécie. Não consigo imaginar um raciocínio que leve alguém a concluir que esse tipo de comportamento pode ser uma estratégia útil para lidar com uma situação como um engarrafamento. Como se todo mundo fosse ouvir a buzina e pensar: *Ei, é melhor deixar esse cara passar. Pelo jeito ele está correndo o risco de chegar um pouquinho atrasado ao trabalho!* Trata-se de uma reação natural de luta, e nesse contexto parece perfeitamente natural para o cérebro inconsciente.

Por fim, temos o córtex pré-frontal. Não que isso encerre a discussão sobre estruturas cerebrais relacionadas ao estresse, mas é a última que vou citar aqui. Aliás, até já citei (você lembra, né?). Como mencionei antes, o córtex pré-frontal é a parte do seu cérebro que fica atrás da sua testa e dos seus olhos e está envolvida em atividades como planejamento, tomada de decisões, solução de problemas, concentração de atenção e formação de memórias de curto prazo. Basicamente, todas as coisas a que podemos nos referir como "pensar". É a única parte do cérebro de que você tem consciência, portanto gosto de dizer que é o lar da nossa mente consciente. Além disso, é a única parte do cérebro sobre a qual você exerce um controle voluntário. É você quem decide quais pensamentos vão ficar por lá.

O córtex pré-frontal tem a capacidade de interromper os comportamentos reativos descritos aqui. Por exemplo, graças ao seu núcleo accumbens, você pode estar buzinando inutilmente na orelha da pessoa parada à sua frente. Você pode pensar: *Por que estou fazendo isso? Claramente não está adiantando nada, acho que vou parar com isso*, e então tirar a mão da buzina. Pode até se perguntar: *Isso é mesmo uma ameaça para mim, e nesse caso eu tenho como fazer alguma coisa a respeito?*, conforme recomendado na seção anterior, o que pode ajudar você a se acalmar. Não é nem necessário colocar isso em palavras, mas estou dispondo as coisas dessa forma para deixar tudo mais claro. Seu córtex pré-frontal pode alterar ou reverter por completo as decisões tomadas por outras áreas do cérebro, e a única coisa necessária para isso é pensar. Na verdade, se você direcionar adequadamente a atividade no seu córtex pré-frontal assim que se deparar com o trânsito parado, sua amígdala cerebelosa não vai sequer identificá-lo como uma ameaça, para começo de conversa.

MAIS UMA VEZ, UMA AJUDINHA PARA QUEM ESTÁ SÓ FOLHEANDO:
- Nós começamos a reagir ao estresse antes mesmo de pensar a respeito.
- No entanto, temos a capacidade de reverter nossa reação inicial.

Infelizmente, muitas pessoas não usam a mente consciente da forma como descrevi aqui, e algumas não parecem usar de jeito nenhum. Em vez de nos valermos do nosso raciocínio para modificar nosso comportamento, nos deixamos levar pelo momento e permitimos que o estresse influencie nossos pensamentos. Começamos a pensar que detestamos ficar presos no trânsito e que a pessoa à nossa frente tem espaço de sobra para avançar, e *por que essa lerdeza toda, aliás?* Esse pessoal não sabe que a Judy está atrasada para o trabalho? Ela tem mais o que fazer além de ficar parada no trânsito.

Aprender a direcionar melhor a atividade pré-frontal, ou os pensamentos, e ser capaz de redirecionar de forma consciente as escolhas feitas por outras áreas do cérebro são atitudes fundamentais para uma vida menos estressante.

Como eu costumo dizer: se não gosta do jeito como está se sentindo, reveja seus conceitos – ou melhor, seus pensamentos.

Preocupação é roubada

Agora que você entende que o estresse é só uma reação à percepção de uma ameaça, eu gostaria de falar um pouco sobre um fenômeno bem interessante que acomete a todos nós, quando o cérebro acaba criando seu próprio estresse. Eu diria até que a maior parte do estresse que sentimos é autoinduzido. Ou seja, nós nos estressamos quando não existe nenhuma ameaça externa, apenas um desafio a alguma de nossas crenças, valores ou expectativas. Em outras palavras, um pensamento. Pois é, quase todo o nosso estresse é imaginário. Esses unicórnios não servem para nada mesmo.

A preocupação é um processo mental que cai nessa categoria, e é a maior *roubada*. Se preocupar nada mais é do que gerar estresse – um estresse que impomos a nós mesmos graças a certos pensamentos inquietantes. A preocupação é um comportamento, ainda que limitado ao âmbito mental, e com frequência nos preocupamos com os fatores de estresse da vida, mas a preocupação em si às vezes pode ser a causa de um estresse ainda maior.

Vou propor mais um exemplo, e de novo falando do trânsito. Imagine que você acorde um pouco mais tarde do que deveria de manhã e vá correndo para o carro para não se atrasar para o trabalho. A caminho da via expressa, você começa a pensar que, como não saiu no horário de sempre, pode acabar pegando mais trânsito. Você pode pensar: *Ah, não, aposto que vou pegar trânsito. E vou acabar perdendo o emprego.* Pense no que acabou de acontecer – você está dirigindo normalmente e acabou de elevar seu nível de estresse por se antecipar a uma coisa que ainda não aconteceu e pode nem acontecer. Você gerou um estresse desnecessário por culpa dos seus próprios pensamentos. E só mais uma coisinha, Judy, está na hora de você dar um jeito de organizar sua vida.

Eu costumo criticar bastante a preocupação. Faço isso porque é um hábito realmente ruim, então precisamos reconhecê-lo. A preocupação excessiva como um comportamento mental adquirido ao longo da vida pode ser um fator importante para o desenvolvimento de transtornos emocionais como ansiedade e até depressão. É um comportamento que podemos mudar, e provavelmente é aconselhável fazer isso.

Mesmo assim, todos nós nos preocupamos. Talvez não o tempo todo, mas todos temos momentos em que nossas expectativas negativas nos consomem e acabam causando estresse. Como mencionei na introdução, eu sou um cara feliz, mas às vezes fico preocupado. Minha maior preocupação costuma ser direcionada à minha filha – como vou garantir seu futuro, como vou ajudá-la a se tornar uma mulher feliz e saudável, como impedir que seja atacada por ursos? O lance dos ursos com certeza é um caso sério. A preocupação é uma atividade normal, e é por isso que provavelmente ninguém a considera uma coisa problemática. Mas existem pessoas que se preocupam demais, por tudo e por qualquer coisa. Vira praticamente um hobby.

Um dos meus colegas de apartamento na época de faculdade era assim. Extremamente preocupado. Apesar de hoje eu ter um doutorado, nunca fui um estudante modelo. Por algum motivo que nem me lembro, abandonei o ensino médio no último ano, e isso costuma dificultar a admissão em uma universidade (e a maioria das pessoas que largam o colégio... bom, nem consegue entrar em uma). Ninguém na minha família tinha diploma de ensino superior, e os meus amigos não tinham muito interesse nesse tipo de coisa, então no começo eu não sabia nem o que estava fazendo lá.

Conheci meu amigo James no colégio, e nós tiramos nossos diplomas de equivalência do ensino médio ao mesmo tempo. Decidimos que a adaptação à faculdade seria mais fácil se enfrentássemos a situação juntos e fizemos praticamente as mesmas disciplinas no primeiro ano. Uma delas tinha aulas às segundas, quartas e sextas. Esqueci até qual era, mas lembro que tinha prova toda sexta.

James e eu não éramos alunos muito bons (por algum motivo, os maus hábitos que nos fizeram abandonar o colégio continuaram a atrapalhar nossa vida na faculdade), mas estávamos bastante motivados. Uma das diferenças mais nítidas entre nós era nossa postura em relação a essas provas semanais. Se por um lado eu entregava a prova assim que terminava para dar o fora da classe e começar o fim de semana mais cedo, James era do tipo que ficava remoendo cada questão, duvidando de suas respostas e usando todo o tempo disponível para terminar. Mais tarde, às vezes nós nos encontrávamos na esquina perto do nosso apartamento. Lembro de uma vez em que ele parecia bem apreensivo. "Está tudo bem?", perguntei.

"Cara, eu estou bem preocupado com a prova. Acho que fui mal", ele respondeu.

"Bom, então deve ter ido mesmo", eu falei. "Mas se preocupar com isso agora não vai ajudar em nada, então é melhor relaxar e curtir a noite."

Eu achei isso muito estranho, mas ele simplesmente não conseguiu. Inclusive, passou a noite toda falando da aula e das questões da prova que achava que tinha errado. E acabou indo para casa mais cedo. Quando me levantei no dia seguinte, ele já estava acordado, com os livros e cadernos espalhados pela sala, folheando as páginas loucamente. "Cara, você lembra daquela pergunta? Acho que eu errei." A verdade era que, se ele tivesse se empenhado tanto assim antes de prova, não precisaria se preocupar com nada daquilo no fim de semana.

Mas ele passou o fim de semana inteiro preocupado. Na segunda-feira nós receberíamos as notas, e ele teria uma surpresa boa ou teria a confirmação de seus piores medos. Fosse como fosse, esquentar a cabeça com aquilo durante o sábado e o domingo não mudaria em nada o resultado da prova. Ele estragava os fins de semana assim, em vez de ficar estragado no bar. No fim, acabou decidindo que não tinha o perfil certo para fazer faculdade, e não porque suas notas fossem ruins, mas porque não sabia lidar com o estresse.

E este é o grande lance da preocupação: ela não colabora em nada para impedir que coisas ruins aconteçam. A preocupação não exerce nenhuma influência sobre o andamento das situações nem torna os contextos adversos menos prováveis – simplesmente deixa nossa vida pior.

Vou aproveitar para retomar o conselho que dei na seção anterior. Quando nos preocupamos a ponto de gerar estresse, precisamos parar um pouco e perguntar: "Eu posso fazer alguma coisa a respeito?". Se a resposta for "sim", então faça, ou se planeje para fazer. Inclusive, se pudermos fazer alguma coisa para resolver a situação e por algum motivo decidirmos não fazer nada, então a culpa pelo nosso estresse é toda nossa. Certa vez uma mulher veio falar comigo e me disse que andava muito estressada porque sua melhor amiga vinha espalhando fofocas e falando mal dela pelas costas. Eu falei: "Uau... e você ainda diz que essa pessoa é sua melhor amiga?". Pessoalmente, eu não consideraria essa pessoa sequer uma amiga, e muito menos a melhor. Ela explicou que as duas se conheciam fazia muito tempo, então a coisa meio que fazia um certo sentido. Perguntei desde quando elas eram amigas, e ela respondeu: "Faz uns dez anos". Depois perguntei quanto tempo fazia que sua amiga vinha se comportando assim, e de novo ela falou: "Faz uns dez anos". Ficou bem claro para mim que se tratava de um problema que poderia ter sido resolvido uns dez anos antes.

Essa mulher poderia ter colocado um fim em sua amizade pouco saudável,

Preocupação é roubada

mas e quando não existe nada que possamos fazer a respeito de uma situação? Nesse caso, acho que é útil perguntar: "Se não existe nada que eu possa fazer, então por que estou me preocupando?". Na verdade é uma pergunta retórica, mas só de pensar assim nós já reduzimos a possibilidade de continuar alimentando os pensamentos que estão nos causando estresse.

Meu colega de faculdade não conseguia entender que era inútil se preocupar com uma prova que já tinha sido entregue.

Eu só me tornei pai há pouco tempo, então esse tipo de preocupação é uma novidade para mim. Às vezes me preocupo com o futuro da minha filha como mencionei antes, mas tento limitar esse tipo de atividade mental. Estou sempre atento ao bem-estar dela. Estar atento não é o mesmo que se preocupar. As duas coisas implicam uma intenção de querer cuidar, mas a preocupação pode ser desnecessária e gerar ansiedade: quero o melhor para a minha filha, mas não vivo preocupado que ela seja destroçada por um bando de ursos.

Lembro que uma vez usei essa mesma linha de questionamento com um amigo que andava meio estressado por causa dos filhos. Primeiro, perguntei com o que ele estava preocupado. A resposta foi: "São meus filhos; eles saíram de casa para fazer faculdade, e não sei se estão só na farra, deixando as obrigações de lado. Minha preocupação é que eles acabem fracassando nos estudos".

De fato, era uma questão para ficar atento. Perguntei por que ele pensava que isso poderia estar acontecendo. "Bom, eu vejo as fotos que eles postam no Facebook, e estão sempre nas baladas e bebendo." Agora eu preciso interromper o relato por um instante, porque, hã... é para isso que serve o Facebook. Para postar fotos na balada se divertindo com os amigos. Os filhos de ninguém postam fotos de pijama no quarto, com o cabelo bagunçado, com a legenda: "E aí, galera, estou aqui estudando pra prova!". As redes sociais existem para postar fotos de baladas. E de gatos.

"Pois é, eu sei, mas mesmo assim eu me preocupo. São meus filhos, e todo mundo se preocupa com os filhos", ele falou. Certo, eu pensei, e então perguntei: "Tem alguma coisa que você possa fazer a respeito?". "Bom, na verdade não.

Eles estão morando em outra cidade." Certo, eu pensei, e então perguntei: "Se você não pode fazer nada a respeito, então de que adianta se preocupar?".

"Bom, são meus filhos, e todo mundo se preocupa com os filhos."

"Então tem alguma coisa que você possa fazer a respeito?"

"Não."

"Certo, mas, se você não pode fazer nada a respeito, então de que adianta se preocupar?"

"Bom, são meus filhos..."

A conversa continuou andando em círculos, até que ele finalmente disse: "Quer saber, acho que em certo sentido na verdade eu gosto de me preocupar".

Senhoras e senhores, temos aqui um momento "Eureca!". Eu quase nunca vejo esse nível de autoconsciência nas pessoas, mas ele estava sendo sincero. Alguns de nós realmente gostamos de nos preocupar. Se não forem os filhos, ou a prova, ou o trânsito a caminho do trabalho, vamos arrumar alguma outra preocupação. Se nada preocupante estiver acontecendo na nossa vida, podemos nos voltar para o noticiário ou nos preocupar com as coisas que aparecem no Facebook.

Eu adoro as redes sociais, porém elas rendem uma boa dose de preocupação para muita gente. Acho que essas pessoas já seriam, de qualquer forma, bastante preocupadas mesmo fora das redes, mas, nesse caso, pelo menos eu não teria que ver um monte de post alarmista no meio das fotos das férias dos meus amigos. O que acho mais interessante nisso tudo é que somos nós que moldamos nossas redes sociais: somos nós que controlamos o conteúdo a que somos expostos.[19] Mesmo assim, escuto o tempo todo que as pessoas saem das redes porque não aguentam mais "tanto drama". Isso é uma pena, porque existe um monte de mensagens positivas sendo compartilhadas com a mesma frequência. Nós só precisamos aprender a separar o joio do trigo.[20]

---

[19] Embora os algoritmos de inteligência artificial também tenham um papel relevante, a princípio eles funcionam de acordo com as nossas preferências.

[20] Portanto, treine seus algoritmos!

POR FALAR EM SEPARAR O JOIO DO TRIGO, ESTA É PARA QUEM ESTÁ SÓ FOLHEANDO:
- Se não se pode fazer nada para mudar uma situação, para que se preocupar?

As pessoas me perguntam se às vezes é bom se preocupar ou se toda preocupação só causa estresse. Acho que existe um aspecto da definição a ser levado em conta. Estar atento ao que pode acontecer e se preocupar não são a mesma coisa. Existe uma grande diferença entre pensar "Pode ser que eu pegue trânsito" e "Ah, não, com certeza eu vou me atrasar por causa do trânsito". Uma dessas formas de pensar pode ajudar você a se preparar para uma situação, e a outra causa estresse. Da mesma forma, existe uma diferença entre ter a consciência de que pode haver ursos na trilha que você vai fazer no Parque Nacional de Yosemite e se preocupar tanto com eventuais ataques que você passa o tempo todo uma pilha de nervos, ou, pior: pode decidir nem fazer o passeio. Yosemite é um dos lugares mais incríveis do mundo. É inaceitável que alguém possa se preocupar tanto com ursos a ponto de perder uma experiência como essa. Aliás, se você nunca foi, então com certeza deveria ir! As paisagens são de tirar o fôlego, e você pode inclusive reconhecer alguma das fotos do famoso fotógrafo Ansel Adams que seu colega de quarto de faculdade tinha penduradas na parede do alojamento estudantil. Eu tento fazer uma visita ao parque todos os anos.[21]

Eu costumo perguntar com frequência para as pessoas por que elas se preocupam, e quase nunca consigo uma resposta. Por exemplo, eu mencionei uma conversa com um amigo a quem perguntei por que estava preocupado, e ele me disse que achava que seus filhos estavam passando tempo demais na farra em vez de estudar. Como a maioria das pessoas, ele me contou com o que estava

---

[21] É um lugar tão lindo que várias vezes levei comigo amigos que nunca tinham ido lá. Por exemplo, quando descobri que o comediante e apresentador de rádio Paul Brumbaugh, apesar de morar a poucas horas de viagem, não conhecia o parque, fiz questão de levá-lo também.

preocupado, e não por quê. Caso seja uma pessoa preocupada, por que você se preocupa? Entender o motivo desse comportamento recorrente pode ser muito útil para aprender como abandoná-lo.

Só para deixar bem claro o que você já deve ter percebido a esta altura, eu não sou uma pessoa preocupada. Sendo assim, não posso falar a respeito desse impulso a partir das minhas experiências pessoais; porém, tenho bem claro para mim que ninguém toma a decisão deliberada de se preocupar o tempo todo. Duvido que alguém pense: "Ei, uma preocupaçãozinha agora cairia bem. Vejamos com o que eu posso me preocupar. Já sei, vou me preocupar com os meus filhos!". Em outras palavras, não parece ser uma escolha da mente consciente, ou do córtex pré-frontal. Portanto, é provável que se trate de uma decisão inconsciente feita pelo núcleo accumbens com base em seu processo básico de tomada de decisão.

Como você agora já sabe, as decisões tomadas pelo núcleo accumbens são resultado da comparação do benefício relativo de cada opção apresentada em determinado momento. Como sabemos que o cérebro opta por se preocupar – trata-se de um comportamento humano amplamente observado –, isso deve significar que o ato de se preocupar foi associado a um valor potencial superior ao das demais alternativas. Isso também significa que a preocupação aparentemente tem seu valor para o cérebro. Pois bem, quais são os benefícios de se preocupar?

Como você deve se lembrar, uma ação é benéfica se proporciona algum tipo de recompensa ou se causa alívio. Portanto, os benefícios da preocupação devem se encaixar em uma das duas opções. Provavelmente podemos descartar logo de cara a recompensa, ou reforço positivo. Tenho certeza de que ninguém sente prazer em se preocupar. Pelo menos eu nunca ouvi ninguém dizer algo como: "Ah, cara, eu passei a noite toda preocupado, e foi tão bom!", ou "Mal posso esperar para chegar em casa e me preocupar ainda mais!", ou mesmo "Tenho um monte de coisas para me preocupar no fim de semana, e vai ser o máximo. Você deveria dar uma passada lá em casa também". Não, eu nunca fui convidado para uma celebração de preocupações (mas com certeza iria, só para... saciar minha curiosidade científica), então posso afirmar com uma boa dose de certeza que se preocupar não é uma atividade divertida. E, se a preocupação não oferece nenhuma recompensa ao cérebro, então deve proporcionar alívio. Mas alívio de quê?

Trata-se de uma pergunta difícil de responder, e é aqui que um doutorado em psicologia vem a calhar. Na verdade, a preocupação proporciona alívio ao cérebro de uma condição bastante desconfortável chamada "inatividade". O cérebro é um vasto circuito elétrico composto por células chamadas "neurônios", que fazem conexões umas com as outras. Os neurônios são células especializadas que conduzem eletricidade e estão sempre transmitindo impulsos elétricos uns aos outros através dessas conexões. Essas redes de células conectadas que estimulam umas às outras são capazes de representar qualquer coisa na sua cabeça, desde o significado da palavra "twerk" até a lembrança de como você aprendeu a dançar twerk, as instruções de como requebrar seu bumbum e tudo o mais relacionado a esse tema que você queira armazenar por lá.

Estimular esses neurônios também permite ao cérebro saber se uma determinada conexão ainda é relevante para a sua vida. No entanto, as conexões subestimuladas provavelmente não são mais relevantes e, se forem subestimuladas por tempo demais, podem ser perdidas. Portanto, uma conexão inativa pode deixar de existir no futuro, e uma rede inativa também corre risco. Sem uma atividade constante, partes inteiras do nosso cérebro ficam em perigo. Você já deve ter ouvido a frase "Se não usar, vai acabar perdendo" – bom, esse é um motivo por que você já esqueceu quase tudo o que aprendeu na faculdade (na verdade as fotos do Ansel Adams na parede eram suas). O cérebro não gosta de ficar inativo.

Portanto, agora está claro que a inatividade é uma condição desconfortável para o cérebro. Você pode não perceber isso como um desconforto, pode usar a palavra "tédio" em vez disso. Geralmente o mundo exterior fornece ao cérebro estímulos de sobra, mas às vezes isso não acontece e é preciso procurar outros estímulos. A preocupação é uma forma que o cérebro tem para gerar uma atividade para si mesmo. Sim, a preocupação alivia o tédio. E acredito que é por esse motivo que surge a maior parte das preocupações.

Pense bem. Se você é uma pessoa preocupada, em que momento se preocupa? Provavelmente não quando seu cérebro está executando alguma tarefa. Nem quando uma atividade absorve sua concentração, ou quando está no meio de um raciocínio, ou quando se entretém de verdade com algo. É mais do que provável que você se preocupe quando tem um tempinho sobrando e seu cérebro não está ocupado com mais nada. Você se preocupa para aliviar o tédio, o que não deveria ser surpresa, já que o tédio é um agente motivador de diversos comportamentos que as pessoas gostariam de mudar. As pessoas se empanturram de comida quando estão entediadas. As pessoas enchem a cara de bebida quando estão entediadas. Algumas pessoas fumam para dar ao cérebro alguma coisa para fazer. Outras arrumam brigas, se irritam ou tumultuam o ambiente. E algumas se preocupam. Em outras palavras, você se preocupa para dar ao seu cérebro alguma coisa para fazer. Provavelmente não faz diferença se é com seus filhos, com a economia ou com alguma notícia – se você é uma pessoa preocupada e seu cérebro está precisando de atividade, vai encontrar alguma coisa com que se preocupar.

Então, agora que você entende por que se preocupa (ou pelo menos esperemos que sim), o que pode fazer a respeito? Basicamente, alterar um comportamento exige entender seu motivo e encontrar uma alternativa viável. Como a preocupação alivia a inatividade dando ao cérebro alguma coisa para fazer, se quiser se preocupar menos, você precisa encontrar outra coisa para ocupar o seu cérebro. Qual pode ser uma alternativa viável para a preocupação? Que tal literalmente qualquer outra coisa?!

Quando sentir que as preocupações estão surgindo, entenda que seu cérebro precisa de uma boa dose de atividade e providencie isso. Leia um livro. Faça uma caminhada. Lave a louça. Limpe a sala de casa. Veja um bom programa na TV. Puxe conversa com alguém (só não fale daquilo que despertou sua preocupação).

Qualquer coisa. Literalmente! Para superar a preocupação, você precisa redirecionar seus pensamentos. Mudar de canal dentro do seu cérebro.

Na maioria dos casos, nós só precisamos de uma simples distração. A distração inclusive é uma prática bastante comum na psicoterapia. Sempre que Sarah, que é terapeuta, tem um paciente que fica se remoendo tanto que não consegue se concentrar na sessão de terapia, ela arruma um jeito de redirecionar seus pensamentos mudando de assunto e falando de alguma coisa positiva. Ela pergunta sobre seus netos ou suas músicas favoritas, e isso ajuda a desviar a mente das preocupações por um momento. O mesmo vale para a nossa filha – quando Alyssa fica aborrecida, Sarah sempre sabe como chamar a atenção dela para outra coisa como forma de ajudá-la a se acalmar.

Redirecionar seu cérebro pode parecer fácil, e de fato é relativamente simples, mas exige vigilância. O problema que muitos de nós temos é que, quando começamos a nos preocupar, esses pensamentos nos consomem e acabamos colocando ainda mais lenha na fogueira. Mas, com uma boa dose de vigilância, podemos perceber que estamos enveredando por esse caminho e interromper esse fluxo de forma consciente, oferecendo uma rota alternativa. Quando minha mente começa a ser dominada pelo estresse, eu gosto de sair para dirigir. Descobri que dirigir ajuda a me acalmar e organizar meus pensamentos. Você pode encontrar outra coisa que funcione melhor no seu caso, desde que permita essa mudança de canal.

PARA QUEM ESTÁ SÓ FOLHEANDO, AÍ VAI:
- Aprender a manter o cérebro ocupado pode ajudar a evitar a preocupação excessiva.

É difícil parar de se preocupar. Mas a parte boa é que pelo menos você tem opções. Tem várias opções. Praticamente não existem limites para o que você pode fazer para satisfazer as necessidades do seu cérebro com outras atividades que não sejam se preocupar. Mas, infelizmente, muitas vezes o comportamento que desejamos mudar tem poucas alternativas viáveis, isso quando existe alguma. Nesses casos, precisamos encontrar um jeito de aprender a viver sem essa coisa, o que é bem difícil. Por exemplo, meu cérebro adora quando tomo sorvete e adora me deixar morrendo de vontade de fazer isso. Me permita perguntar uma coisa para você: qual poderia ser uma alternativa viável para tomar sorvete? Vou dar uma dica: não existem alternativas para o sorvete! A satisfação que o cérebro extrai do ato de tomar sorvete não é obtida com a deglutição de nenhuma outra substância (não venha tentar me convencer que frozen yogurt tem praticamente o mesmo gosto). Quando meu cérebro quer sorvete, a única coisa que me satisfaz é sorvete.[22] Vou fazer o quê? Comer couve? Até sorvete de couve é nojento. Se eu quiser superar meu amor por sorvete, tenho que aprender a viver sem. E isso não é moleza, porque nem a intolerância à lactose é capaz de convencer meu cérebro que tomar sorvete pode não ser tão agradável. O hábito de se preocupar pode ser um comportamento difícil de abandonar, mas pelo menos existem diversas alternativas.

Preciso salientar também que nem todo mundo se preocupa quando seu cérebro fica sem ter o que fazer. Existem reações positivas ao tédio também. Algumas pessoas se exercitam. Outras, como eu, se entregam a devaneios ou a alguma atividade criativa. Quando minha mente começa a divagar, às vezes acabo inventando alguma piada. Se Sarah estiver comigo, aproveito para fazer o teste na mesma hora. Se ela rir, a piada vai para o meu número de *stand-up*. Já cheguei até a escrever poemas e letras de música – não que tenha saído alguma coisa que preste (Sarah pode servir como prova disso), mas são atividades que dão ao meu cérebro algo que fazer em momentos de tédio.

---

22 Minha filha parece concordar comigo. Em uma recente saída para comprar nosso almoço, acabei falando inadvertidamente sobre sorvete no carro, mas, quando cheguei ao *drive-through* descobri que a máquina estava quebrada. Comprei um cookie no lugar, mas ela o jogou no chão.

O que acontece com nosso corpo em situações de estresse?

Eu conheci Sarah em Gainsville, na Flórida. Estava em uma turnê estadual de palestras sobre estresse ou felicidade ou algo do tipo, e ela era uma das centenas de pessoas que foram me ver por lá. Ela é terapeuta ocupacional e foi ao evento em busca de informações que pudessem ser aplicadas para ajudar seus pacientes. Alguns anos depois, tivemos uma filha. Acho que o investimento na inscrição valeu a pena.

Sarah é linda, inteligente, gentil e divertida. (Claro que sim, caso contrário como conseguiria ter fisgado um partidão como eu?) É também muito feliz, saudável e resiliente ao extremo. Mas às vezes até mesmo os melhores de nós passamos por uma fase difícil. Ela costuma contar uma história ocorrida anos antes de nos conhecermos, quando foi fazer um *check-up* médico anual. Todos os exames de sangue deram resultados normais, e seu índice de massa corporal estava dentro do limite desejável. Em teoria, sua saúde estava perfeita. Nessa época, porém, ela vinha sofrendo de dores generalizadas, em especial nas articulações e em um dos ombros. Também vinha tendo enxaquecas frequentes.

A médica examinou todas as possibilidades; questionou Sarah sobre seu estilo de vida, sua rotina em casa, no trabalho e no trânsito. Ela achava que Sarah poderia estar fazendo alguma coisa que estava causando esses problemas. Talvez algo estivesse gerando estresse, que por sua vez ocasionava as dores. A médica disse: "Se você pensar bem, acho que vai saber exatamente o que é". Sarah demorou menos de dois segundos para identificar a fonte de seu estresse.

Vários meses antes, ela havia sido contratada para trabalhar em um lugar a mais de uma hora de viagem de sua casa; às vezes chegava a perder três horas no trânsito. Para completar, seu chefe era difícil, do tipo que ficava no pé, que a vigiava o tempo todo, o que a fazia sentir que não estava trabalhando direito. Ela também não recebia reconhecimento por nada que fizesse, nem elogios. Por exemplo, uma vez chegou a salvar a vida de um cliente do lugar fazendo respiração boca a boca, o que várias enfermeiras da clínica consideraram impressionante o suficiente para comentar com o chefe. E... nada. Nem um tapinha nas costas.

Quando percebeu que o estresse estava afetando sua saúde, Sarah pediu demissão imediatamente. Para sobreviver melhor ao período de aviso prévio, começou a praticar exercícios respiratórios e posicionais no início de cada turno e passou a fazer questão de sair para caminhadas na hora do almoço. Depois do expediente, dançava tango com mais frequência do que nunca. Em casa, passava mais tempo na varanda, ou escrevendo, ou cuidando do jardim. Por fim, depois de sair do emprego, arrumou outro bem mais perto de casa – a literalmente dois minutos de lá – e abriu um negócio próprio. Os sintomas desapareceram.

Em um caso similar, eu não me lembro exatamente quando, minha pálpebra esquerda começou a tremer, e parecia estar piorando cada vez mais. Assim como os problemas de saúde de Sarah, o meu aconteceu durante uma época especialmente difícil da minha vida. Eu estava em um emprego que odiava e morava em um apartamento que mal tinha dinheiro para pagar. Nunca me queixei a respeito, nem procurei ajuda profissional por causa do tremor da pálpebra. Não por achar desnecessário ir ao médico, mas por ter assuntos mais urgentes para dar atenção. E, assim como aconteceu com Sarah, meu sintoma sumiu depois que fiz algumas mudanças na minha vida. E, da mesma forma, o alívio veio com a demissão. Na época não me dei conta disso, mas perder aquele emprego era tudo de que eu precisava.

A exposição prolongada ao estresse pode ter um impacto negativo em nossa saúde e nosso bem-estar em termos gerais. Além disso, o estresse pode afetar cada indivíduo de diferentes maneiras. Sarah sofria com dores no corpo e enxaqueca por causa do estresse; eu tinha espasmos involuntários nas pálpebras (e provavelmente outros sintomas que meu estresse não permitia nem notar).

Mas por quê? Como mencionei antes, o estresse é a reação do nosso cérebro a uma situação percebida como ameaçadora. Por que nossa reação a ameaças nos causa dor e outros problemas físicos?

Antes de falar sobre isso, eu gostaria de citar primeiro alguns dos efeitos físicos do estresse. Como mencionei antes, a amígdala cerebelosa, depois de identificar algo como ameaçador, envia sinais através do hipotálamo para ativar o sistema nervoso simpático. Uau, quantos termos relacionados à anatomia na mesma frase. Não sei ao certo o quanto posso me aprofundar nas questões técnicas sem transformar este livro em um texto científico. Sarah acabou de me convencer que a maioria das pessoas provavelmente já ouviu falar nisso antes, então vamos em frente. Trata-se de uma rede de nervos que conectam a espinha com diversos órgãos e, quando ativada, é responsável pela maioria das alterações fisiológicas que ocorrem no corpo. As pupilas se dilatam, os batimentos cardíacos se aceleram. O estresse pode causar sudorese e interromper a digestão, além de inibir a ereção nos homens. Ou seja, nos deixa suarentos, empanturrados e brochas.

O sistema nervoso simpático também faz as glândulas adrenais começarem a produzir adrenalina, aquele hormônio bacana que quem faz *bungee jump* e esportes radicais tanto aprecia. Basicamente, todo mundo que tem uma GoPro. A adrenalina se espalha pelo corpo e nos energiza. Aumenta o fluxo de sangue para os músculos, bem como a intensidade e a frequência de nossos gestos nas celebrações com amigos. A adrenalina também é liberada em momentos de estresse, mas ela não é conhecida como o hormônio do estresse. Essa honra vai para o cortisol.

Quando o hipotálamo recebe o sinal de estresse da amígdala cerebelosa, aciona o sistema nervoso central, conforme descrevi antes, e também estimula a liberação de um hormônio chamado ACTH na corrente sanguínea.[23] Esse hormônio é transportado pelas artérias até as glândulas adrenais e encomenda

---

23 O hormônio adrenocorticotrófico. Estou simplificando as coisas, claro: em termos um pouco mais detalhados, o hipotálamo produz o fator liberador de corticotrofina (CRF), que por sua vez estimula a secreção de ACTH pela glândula pituitária.

a produção de cortisol, porque alguma coisa desagradável está prestes a bater no ventilador. Assim como a adrenalina, o cortisol também aumenta a taxa de glicose no sangue e tem vários outros efeitos sobre o corpo. A adrenalina e o cortisol, ao se espalhar pelo corpo, chegam mais depressa aos órgãos em razão dos batimentos cardíacos acelerados.

Sejam mediadas pelo sistema nervoso simpático ou pelos hormônios na corrente sanguínea, essas mudanças que ocorrem no nosso corpo são supostamente benéficas. O intuito é aprimorar nosso nível de energia e tornar nosso corpo mais eficiente, duas coisas que podem se mostrar muito úteis se formos atacados por um urso. Somos mobilizados a tomar alguma atitude, que pode ser lutar, fugir ou travar. Vamos nos defender ou promover algum tipo de ofensiva, correr ou tentar escapar, ou em certas situações não fazer absolutamente nada.

A maioria das pessoas conhece essa dicotomia de "fugir ou lutar", na verdade isso provavelmente é tudo o que podemos fazer, mas eu gosto de acrescentar a ausência de reação, porque é uma reação comportamental bastante comum. Pense nas vezes em que esteve em uma situação tão estressante que, por mais que parecesse inaceitável, não conseguiu fazer nada a respeito. Talvez você estivesse em sua mesa no trabalho e tenha recebido uma tarefa tão complexa e com um prazo tão exíguo que, em vez de pôr logo as mãos à obra (lutar), ou pedir mais tempo ou solicitar ajuda (fugir), simplesmente não soube o que fazer. Eu já estive nessa situação. Esqueceu do emprego que provocou o tremor na minha pálpebra?

É fácil entender por que alguém ficaria sem reação no contexto de um ataque de urso. Muita gente trava quando se vê dominada pelo medo. Isso aconteceu até com o Pantera Negra (que foi zoado pela própria irmã por isso), apesar de ele ter superpoderes e dispositivos tecnológicos avançados.[24] Fora dos filmes da Marvel, minha história favorita de "travada" aconteceu durante minha época de pós-graduação.

---

[24] Segundo Okoye, seu guarda-costas, ele ficou travado "como um antílope diante dos faróis de um carro" em *Pantera Negra* (Atlanta: Marvel Studios, 2018).

O que acontece com nosso corpo em situações de estresse?

Uma amiga minha tinha ganhado um carro dos pais. O problema era que o câmbio era manual, e ela só sabia dirigir carros automáticos. Que belo presente! "Toma aqui: é um carro que você não sabe dirigir!" Por ser um dos poucos amigos dela que sabia guiar automóveis com câmbio manual, eu me ofereci para ajudá-la. Começamos no estacionamento, onde eu expliquei como o pedal da embreagem funcionava, quando ele precisava ser acionado e como trocar de marcha. Então ela foi praticar um pouquinho. Obviamente, houve algumas dificuldades iniciais, mas depois de uns poucos minutos ela começou a pegar o jeito e já tinha engatado até a terceira marcha. Perguntei se poderíamos ir para a rua, e ela falou que sim. Saímos do *campus* da universidade, demos umas voltas em alguns quarteirões e tudo parecia estar indo bem. Então pegamos um farol vermelho, e ela reduziu a velocidade até parar sem maiores incidentes. Estava um pouco estressada, com o coração disparado e tal, mas não descontrolada.

Nosso carro era o primeiro da fila no cruzamento. Assim que o farol ficou verde, ela pisou no acelerador, mas fez alguma coisa errada e o carro morreu. No meio do trânsito, com carros vindo na direção contrária e outros parados logo atrás, ela travou. Nesse contexto, isso significou largar o volante, tirar os pés dos pedais e fechar os olhos! "Eu não consigo!", ela gritou, e escondeu o rosto entre as mãos.

De repente, eu comecei a ficar estressado também. Meu instinto de lutar entrou em ação e, do assento do passageiro, segurei o volante, estendi a perna por cima do console central para acionar os pedais e tirei o carro do meio da rua. Ninguém se machucou, e quando nos acalmamos demos boas risadas com a situação. Sabe como é, como todo mundo faz em uma situação que poderia ter acabado em um acidente grave.

Eu só me dei conta bem mais tarde de que a reação dela, que não consegui entender na hora, era uma reação bastante comum ao estresse. Lembra que eu comentei que o cérebro toma decisões com base no valor potencial de cada alternativa de ação de acordo com nossas experiências passadas? Acredito que, quando nenhuma opção parece interessante, o cérebro prefere travar, ou não fazer nada. No caso de um ataque de urso, por exemplo, a sobrevivência pela luta ou pela fuga é bastante improvável para a maioria das pessoas. Na ausência de uma boa opção, muita gente ficaria simplesmente imóvel. Da mesma forma, quando se viu em um carro parado no meio de um cruzamento, minha amiga precisava tomar uma decisão. Lutar e fugir exigiria saber dirigir aquele carro, mas, como seu cérebro não tinha confiança em sua habilidade de dirigir, nenhuma das duas opções parecia ter muito valor... então ela travou.

Você já sentiu um peso tamanho nos ombros que não conseguiu nem se levantar da cama? Isso aconteceu comigo.

É verdade que para travar provavelmente não é necessária nenhuma alteração no nível de energia do corpo, então faz sentido se concentrar só na luta ou na fuga, mas é uma questão interessante.

Agora, porém, vamos voltar às diferentes reações ao estresse que fizeram Sarah sofrer com as dores e a minha pálpebra tremer. Uma coisa a saber sobre a reação de lutar ou fugir é que se trata de uma solução de curto prazo para um problema de curto prazo. Na natureza, o perigo costuma ser temporário e, caso sejamos bem-sucedidos, não demora a se dissipar. Quer saber o lado bom de ser atacado por um urso? O incidente não dura muito tempo. De uma forma ou de outra, o ataque vai terminar rapidinho.

A elevação temporária da taxa de glicose ou dos batimentos cardíacos para aumentar nossas chances de sobrevivência não é uma coisa ruim; na verdade o estresse funciona a nosso favor nesses momentos. Mas você deve imaginar que a manutenção de um alto nível de glicose no sangue por um período prolongado pode ter um impacto negativo na nossa saúde. Da mesma forma, a elevação dos batimentos cardíacos no longo prazo também pode causar complicações. Infelizmente, a maior parte do estresse que sentimos não se deve a um perigo real, mas a situações percebidas como ameaças que têm a tendência de durar bastante tempo. Não sei quanto tempo Sarah ficou naquele emprego difícil, mas, mesmo que fosse um contrato de apenas seis meses, ainda assim é um semestre inteiro se sentindo uma pilha de nervos. Um semestre inteiro pegando trânsito todo dia. Um semestre inteiro de níveis desnecessariamente elevados de adrenalina e cortisol. A exposição contínua ao estresse pode cobrar seu preço, e é o que costuma acontecer. Meu tremor na pálpebra continuou por mais ou menos um ano.

O estresse prolongado também tem efeitos negativos não só pelas elevações, mas também pelas supressões que provoca dentro do corpo. Depois de incontáveis gerações de aprimoramento do processo evolucionário, nossa reação ao estresse contém uma sabedoria toda própria. Nosso corpo conta com uma quantidade limitada de recursos, seja água, glicose para gerar energia ou proteínas, neurotransmissores e hormônios. Essa finitude de recursos implica que nosso corpo precisa ser bastante cauteloso com sua distribuição – como na Segunda Guerra Mundial, quando o governo racionava alimentos, combustíveis e matérias-primas como borracha e aço para investir no esforço de guerra. Se o nosso corpo está sob ataque, então precisa concentrar todos os recursos disponíveis para sua sobrevivência. Isso significa que os sistemas não prioritários devem ser desativados.

O que deixa de ser prioridade quando estamos estressados? Bom, se pensarmos em termos de um ataque de ursos, existem algumas coisas que podemos identificar. Nosso sistema imune, por exemplo, se torna desnecessário. Se estamos sob ataque, que diferença faz se pegarmos um resfriado? Ah, sim, esse urso parece bem perigoso, mas é melhor cuidar dessa tosse. Nosso sistema digestório também pode ser sacrificado. Se tivermos alguma comida no estômago, podemos esperar para digeri-la (ou nos livrar dela logo de uma vez), e se estivermos sendo atacados por um urso provavelmente não vamos sentir vontade de fazer um lanchinho. A cicatrização de feridas ou contusões e a regeneração das células do corpo também não são tão urgentes. Claro, isso é importante para a saúde no longo prazo, mas, se não sobrevivermos a esse perigo iminente, não vai haver um longo prazo com que se preocupar. Nesse sentido, o crescimento e o desenvolvimento do corpo também não importam. E o impulso sexual com certeza não tem o menor cabimento. De que adianta pensar em se reproduzir se um urso estiver tentando matar você? Na verdade, se você pensa em atividades reprodutivas no meio do ataque de um urso... olha, esse é um fetiche dos mais complicados.[25]

Uma parte do problema está na simplicidade da reação do nosso corpo ao estresse. Temos uma infinidade de fatores de estresse, mas um único sistema de resposta. Para o seu corpo, não importa se você está sob o ataque de um urso ou tem um chefe pentelho, a reação é a mesma. Uma dessa situações põe sua vida em risco, e sobreviver a ela exige muito do corpo, mas a outra... não. Provavelmente não é necessário desativar seu sistema imune, nem eliminar seu desejo sexual, só porque seu chefe é um babaca. Trata-se de uma reação exagerada, mas é exatamente isso que acontece.

E PARA QUEM ESTÁ SÓ FOLHEANDO:
- A exposição prolongada ao estresse pode ser um fator agravante para uma série de doenças.

O estresse é um fator agravante para todo um leque de problemas físicos que afetam nosso corpo, não só hipertensão e diabetes. É por isso que a exposição de longo prazo ao estresse pode retardar a recuperação de doenças ou a cicatrização de ferimentos. É por isso que temos cólicas ou ânsia de vômito. E é por isso que às vezes temos enxaquecas, dores no corpo ou tremor nas pálpebras.

---

[25] A não ser que você encontre um parceiro ou uma parceira com uma fantasia de urso bem realista.

Sentimentos negativos e o estresse que os inspira

Conforme mencionei antes, estou escrevendo este livro no Colorado. É começo de outubro, e ontem sem nenhum aviso o clima passou de razoavelmente moderado a frio de inverno. Meus amigos me dizem que aqui é assim mesmo, mas fomos pegos totalmente de calça curta. Nós sabíamos que o inverno estava chegando, claro, porém achávamos que ainda teríamos algumas semanas antes de começar a acrescentar mais camadas de roupa. Portanto, hoje, no início da noite, Sarah e eu fomos a um shopping center de Denver comprar algumas coisas. Como estamos perto do Halloween, tem muitas coisas divertidas à venda, além dos produtos mais úteis que tínhamos ido comprar. Pelos doces, porém, nós passamos correndo. Vamos distribuir *bitcoins* para as crianças que baterem na nossa porta dizendo "gostosuras ou travessuras". Vejamos se esta piada ainda vai ter alguma relevância quando este livro for publicado.[26]

    Eu adoro o Halloween. Adoro sair fantasiado, adoro casas assombradas, labirintos em milharais, festas malucas – de verdade, é uma das minhas épocas favoritas do ano. Todos os feriados são ótimos, mas eu gosto mesmo dos que envolvem festanças: Halloween, Ano-Novo, Mardi Gras, Dia da Árvore... (cara, essas árvores sabem mesmo como curtir uma farra!). Este ano vai ser um pouco diferente, porque vai ser a primeira vez que a minha filha vai sair para pedir doces, e como você deve imaginar eu estou bem empolgado. Enfim, enquanto fazíamos nossas compras, eu vi umas fantasias de Halloween que achei que ficariam uma graça na nossa garotinha, mas Sarah, a mais sensata entre nós, se manteve concentrada no objetivo inicial e vetou a aquisição de coisas que não

---

[26] A quem estou tentando enganar? Não é relevante nem agora. Eu coloquei em um post no Facebook e só consegui míseras treze curtidas.

estivessem na nossa lista. Não lembro o que respondi, mas estava meio irritado. "Esse seu mau humor é fome", ela falou. Era verdade. Eu não tinha almoçado e, quando entramos na loja, estava sentindo o estômago começar a reclamar.

Você já ficou de mau humor por causa de fome? Imagino que seja uma experiência comum o bastante e que todo mundo saiba do que se trata. Às vezes ficamos um pouco irritadiços se não comemos ou não nos alimentamos direito. A fome é um estado físico que pode influenciar nossos sentimentos. A fome e o estresse estão intimamente relacionados. Eu diria até que podemos considerar a fome como uma espécie de estresse. Para o corpo, a fome certamente representa uma ameaça à continuidade de sua existência.

Quanto ao mau humor por causa da fome, um dos motivos por que o estresse tem um impacto tamanho sobre o nosso corpo é o fato de influenciar diretamente nosso estado emocional. Você deve se lembrar que citei William James na introdução deste livro. James é chamado de "pai da psicologia americana" e deixou uma obra muito extensa. Até hoje, ainda ensinamos suas teorias e as usamos como referência – bom, pelo menos eu faço isso. Falo a respeito o tempo todo; na verdade, já o citei hoje e estou prestes a fazer isso de novo. Uma de suas teorias que considero mais úteis é a Teoria das Emoções de James-Lange.[27]

Colocando a coisa de forma bem simples, sentimos emoções por causa da interpretação que o cérebro dá ao nosso estado fisiológico. Sempre que nos deparamos com um estímulo, como um urso ou um congestionamento de trânsito inesperado, nosso corpo reage desencadeando certas alterações fisiológicas bastante familiares. A não ser que você seja um daqueles leitores que talvez tenham pulado a parte da discussão sobre o cérebro, já deve ter algum entendimento dos mecanismos por trás disso – a amígdala cerebelosa e o sistema nervoso simpático. Nossos batimentos cardíacos podem se elevar, e podemos

---

[27] Walter B. Cannon, "The James-Lange Theory of Emotions: A Critical Examination and an Alternative Theory", *American Journal of Psychology*, v. 39, 1927, pp. 106-124.

começar a transpirar. James alegava que o nosso cérebro, ao receber o feedback do corpo, interpreta essa condição fisiológica de acordo com a situação que está acontecendo no momento. Em um determinado nível, o cérebro está reunindo informações de que 1) tem um urso vindo na minha direção; e 2) meus batimentos cardíacos estão acelerados (entre outras coisas), então eu devo estar com medo. E assim, em um piscar de olhos, sou dominado pelo medo.

Agora vejamos por que nós temos sentimentos, para começo de conversa. As emoções influenciam o comportamento, em especial para nos ajudar a reagir de uma forma apropriada para o momento. Pense em todos os comportamentos diferentes que um cérebro humano é capaz de produzir. De tocar piano a bater uma bola de basquete, de realizar operações matemáticas a escrever um livro, cada um de nós tem capacidade para exibir uma variedade tremenda de possíveis comportamentos (ainda que não com o mesmo nível de proficiência). Nem todos os comportamentos são apropriados para a situação que estamos vivendo. As emoções ajudam a restringir as opções, de modo a nos tornar mais inclinados a escolher o comportamento correto. Por exemplo, imagine mais uma vez que estejamos sendo atacados por um urso. Sempre que visualizo esse exemplo, imagino o urso a uns trinta metros de distância, correndo na minha direção. Nesse momento, você não vai querer sentir uma inspiração súbita para escrever um poema ("Ó, a dualidade da natureza, tão bela porém tão feroz"). Não, isso não é nada conveniente. Você também não quer ver o urso e pensar: *Olha só, isso me lembra que a minha sogra vem fazer uma visita lá em casa no fim de semana. É melhor deixar o banheiro bem limpinho.* Você não quer esse tipo de pensamento na cabeça. E com certeza não quer pensar: *Olha só, eu posso tirar uma ótima selfie com esse urso me perseguindo.* Seria a última selfie que você faria na vida. Parece óbvio para nós que, sem o sentimento de medo, nosso cérebro poderia vagar por territórios indesejáveis como esses. Mas você vai querer seu cérebro totalmente concentrado em sobreviver ao incidente com o urso.

O medo é um sentimento negativo e, analisado dessa perspectiva, é possível ver claramente que se trata de uma reação emocional ao estresse. No entanto, não é a única reação possível. O contexto do momento também leva em conta nossos pensamentos, e a depender do que estamos pensando podemos reagir de forma diferente. Podemos juntar todas as informações como eu fiz aqui e talvez concluir: *Estou com medo do urso*. Trata-se de uma reação simples, e provavelmente comum. Mas podemos ir em outra direção e questionar: *Como esse urso ousa me atacar?! Olha a cara de pau desse bicho, ele sabe com quem está lidando?* Com isso, o sentimento que surgiria seria a raiva. Ou então podemos até pensar: *Ah, não, por que os ursos vivem me atacando? É a terceira vez só nesta semana! O que eu tenho que faz os ursos quererem me atacar o tempo todo?* Nesse caso, o incidente nos deixaria tristes. O que estou tentando explicar é que o medo, a raiva e a tristeza são todos sentimentos negativos que podem ser causados pelo estresse.

As emoções ajudam a restringir o leque de possíveis comportamentos que o cérebro pode considerar. Todas elas têm esse efeito, mesmo as positivas. O amor, por exemplo. Estou me referindo ao amor apaixonado que sentimos no início de um relacionamento, e não ao estilo mais de companheirismo que se desenvolve com o tempo que é meio: "Sim, eu te amo, mas quero dormir em quartos separados mesmo assim". Lembre-se da última vez em que se apaixonou e de como pensar nessa pessoa no início do relacionamento interferia na sua capacidade e na sua motivação para realizar tarefas. A última vez que me senti assim foi quando Sarah e eu começamos a namorar (pensa que eu seria louco de dar outro exemplo?). Eu estava em Los Angeles, escrevendo meu livro anterior; ela estava em Colorado, onde ficava seu emprego como terapeuta. Era um relacionamento a distância, mas estávamos dispostos a viajar todo fim de semana para poder nos ver. Quando não estávamos juntos, conversávamos pelo telefone. Dizer que isso teve um certo impacto no ritmo da minha escrita seria um eufemismo. Os sentimentos costumam ter um impacto maior no nosso comportamento. Você já conheceu alguém que sofre de depressão? Um dos sintomas mais difíceis da depressão não é nem a tristeza, mas a desmotivação. A ansiedade tem um impacto similar.

Sentimentos negativos e o estresse que os inspira

Você deve se lembrar da seção anterior que existem três categorias básicas de reações comportamentais à ameaça: lutar, fugir ou travar. Se interpretarmos nossa fisiologia como um sentimento de medo, aumentamos nossa chance de tentar nos evadir ou escapar. Se interpretarmos nossa fisiologia como raiva, aumentamos nossas chances de tentar lutar. E, por fim, se interpretarmos nossa fisiologia como tristeza, podemos nos ver mais propensos a travar ou ficar sem reação.

EM OUTRAS PALAVRAS:
- O estresse influencia nossos sentimentos, e, por consequência, nossa reação ao estresse é influenciada pelas emoções que sentimos.

Assim como a fome pode provocar irritabilidade (e raramente vemos alguém feliz ao falar que está morrendo de fome), o estresse pode gerar sentimentos negativos.

Algumas pessoas gostam de fazer diferenciações entre tipos de estresse, afirmando que o chamado *estresse bom* ajuda a nos energizar para cumprir uma tarefa, encarar um desafio ou superar um obstáculo. Por outro lado, o *estresse ruim* não leva a nada além de sofrimento e situações desagradáveis. Mas lembre-se de que a função de *qualquer* estresse, seja o bom ou ruim, é nos ajudar a superar ou escapar de uma ameaça. Até onde sei, todo tipo de estresse tem o mesmíssimo efeito sobre o corpo. Aumenta nossa energia, eleva nossos batimentos cardíacos e enche nossas veias de adrenalina e cortisol. Se eu me estresso no trânsito, essas alterações fisiológicas não servem para nada, porque não têm utilidade naquela circunstância. A não ser que haja uma rota alternativa, não existe nada que eu possa fazer para mudar minha situação em um congestionamento, então eu fico lá sentado com o coração disparado, marinando no cortisol. Esse não é um bom tempero. Eu diria que nesse contexto o estresse não é lá muito funcional. Por outro lado, se estou sendo atacado por um inimigo hostil da Cachinhos

Dourados, o aumento de energia e dos batimentos cardíacos pode elevar minha chance de sobrevivência. Nesse caso, o estresse seria bastante funcional.

É preciso levar em conta também que, sempre que ativamos nossa reação ao estresse, de forma funcional ou não, estamos inibindo nosso sistema imune e impedindo nosso corpo de se curar.

Na minha opinião, o estresse que tem um propósito, seja sobreviver a um urso ou cumprir um prazo, é um estresse *bem utilizado*. Mas é preciso entender que, bom ou ruim, o estresse exerce o mesmo efeito sobre o corpo, independentemente de como seja utilizado. Se o estresse eleva nossos batimentos cardíacos, o que por sua vez aumenta nosso risco de sofrer com problemas de saúde, nós devemos levar isso em consideração. Não se estresse com coisas banais e sem maiores consequências que se repetem o tempo todo na sua vida. Em outras palavras, só se estresse quando estiver diante de um "urso".

VOCÊ QUE ESTÁ SÓ FOLHEANDO, LEMBRE-SE DISTO:
- Nossa reação ao estresse só deve ser ativada quando isso pode nos ajudar.

Ninguém sabe dizer quais são os seus ursos. Só *você* é capaz de decidir pelo que vale a pena se estressar. Se você acha que o trânsito é motivo para isso, muito bem. Sinta-se à vontade para se estressar no trânsito todos os dias, na ida e na volta. Sabe como é, cada um sabe onde o calo aperta. Pessoalmente, não considero o trânsito uma coisa pela qual vale a pena se estressar – se eu me atrasar, paciência. As coisas que considero ursos são as que ameaçam minha segurança e meu bem-estar e a segurança e o bem-estar dos meus entes queridos; e talvez ameaças a pertences que valorizo. Além disso, tem também tudo o que deixa a minha filha infeliz, porque, sim, ser pai trouxe novos fatores de estresse para a minha vida.

Seja o que for que você considere estressante, uma coisa deve ficar clara: existem coisas pelas quais não vale a pena se estressar. Se você sofre isso e deseja reduzir seu nível de estresse, siga adiante com a leitura.

2

Tomando decisões sob pressão

Se você não se importa, eu gostaria de tornar a discussão mais pessoal neste momento. Trata-se de uma coisa que venho escondendo a vida toda, mas agora, com a publicação deste livro, é melhor esclarecer de uma vez: eu amo chocolate. Uau, como é bom admitir isso. Sei que a maioria das pessoas gosta de chocolate, mas no meu caso a coisa vai além. Não que eu coma o tempo todo, mas, sempre que vejo ou sinto o cheiro, fico morrendo de vontade. E vou comer. Mesmo que não seja meu. Cara, só de pensar nisso agora já fico com água na boca.

Você já viu aquelas barras *king-size*? Talvez *você* tenha como evitar essa sensação, mas o meu sobrenome é King. Elas foram feitas especialmente para mim. Quando você abre, descobre que dá para quebrar em duas barrinhas menores. Na embalagem está escrito algo do tipo: "Se delicie com metade agora, e guarde a outra para mais tarde!". Eu nunca guardei a outra metade para mais tarde. Não consigo nem entender esse conceito. Como assim, deixar uma barra de chocolate pela metade? E o mesmo vale para os pacotes de M&M's – não os gigantes que a gente compra para pôr numa tigela quando vai dar uma festa –, mas aqueles um pouquinho maiores que o tamanho normal vendidos nas lojas de conveniência. Os saquinhos vêm com fecho, sabe como é, para o caso de você não conseguir comer tudo. Para mim, aquilo é puro desperdício de plástico.

Algumas pessoas descrevem seu amor por chocolate dizendo que são "chocólatras", mas eu não gosto desse termo. Parece uma tentativa bem forçada de dizer que temos um problema grave. "Mas, Brian, e eu, que sou podólatra?" Não, isso não é nada de mais, você só curte pés. Sei que estou sendo implicante, mas é isso que os comediantes fazem. Tudo bem se você se descreve como chocólatra, podólatra ou qualquer outra coisa terminada em "ólatra". Mas eu não gosto de usar esses termos porque não acho justo com os alcoólatras. Não são comparações cabíveis. Minha compulsão por chocolate não chega nem perto de provocar o sofrimento que a bebida causa aos alcoólatras. Eu nunca acordei ao lado de uma pessoa desconhecida porque na noite anterior nós nos empanturramos de Hershey's... Quer dizer, até teve uma vez.

Outra coisa sobre mim é que sou um grande consumidor de café. Não sei como me comparo aos demais bebedores de café, mas em comparação com quem não toma, eu sou totalmente exagerado. Um "cafezólatra", se você preferir. Quando estou em turnê, sou um cliente assíduo do Starbucks. Às vezes prefiro as cafeterias independentes, mas a conveniência de encontrar lojas do Starbucks em todo lugar vem bem a calhar. Além disso, Sarah e eu juntamos os pontos do programa de fidelidade para ganhar bebidas. Nenhuma outra rede de cafés é tão adequada à vida em turnê quanto o Starbucks.

O Starbucks vende cookies com gotas de chocolate incríveis. Sinceramente, considero um dos melhores que já comi. A proporção entre chocolate e massa é perfeita; está sempre fresquinho, e é grosso o bastante para cada mordida ser substancial. Eles ficam expostos ao lado do caixa, sempre me tentando. Só que, por mais que eu goste dos cookies, preciso controlar a ingestão de caloria, então tento me concentrar na cafeína. Meu núcleo accumbens deve acreditar que existe um bom valor nesse cookie, porque sempre que termino o pedido o atendente pergunta: "Quer mais alguma coisa?", e eu preciso me segurar para não dizer: "Vou levar com cookie com gotas de chocolate também, por favor". Se não tomar cuidado, posso acabar pedindo um cookie de forma automática, sem nem saber o que estou fazendo. Isso em circunstâncias normais, claro. Se eu estiver estressado, pode acreditar que vou sair da loja com um cookie na mão.

Mas por quê? Além de fazer com que eu me sinta melhor por um tempinho por me proporcionar um prazer, comer esse cookie não faz absolutamente nada para eliminar o meu estresse. A não ser que seja uma rara ocasião em que eu estava me estressando porque não tinha um delicioso cookie na barriga, o consumo dessa guloseima não tem nenhuma relação com aquilo que me deixou agitado, para começo de conversa. Digamos, por exemplo, que estou tentando escrever um livro enquanto cuido da minha filha de um ano e meio durante o dia. Vamos supor, mais uma vez como um exemplo apenas hipotético, que nos últimos dias a filha que amo tanto vem tornando impossível para mim a produção do que quer que seja. Imagine que em meio a essa situação hipotética eu tenha decidido levar minha filha para um passeio pela Colfax Avenue e dado de cara com um Starbucks. Agora estou sentado comendo um belo cookie, mas não avancei um milímetro com o livro. Hipoteticamente, claro.

Você já percebeu que o estresse tem a tendência de trazer à tona os chamados "maus hábitos"? Seja qual for o comportamento que você esteja tentando evitar ou mudar, essa inclinação parece se materializar imediatamente em um momento de estresse. Quando estão estressadas, as pessoas fumam, bebem, usam drogas, comem ou apenas se preocupam e ficam ruminando pensamentos negativos. Existe alguma coisa no estresse que provoca o comportamento que estamos tentando evitar. Eu uso o chocolate como um exemplo comum, com que as pessoas possam se relacionar, mas saiba que pode ser qualquer coisa. O comportamento que seu núcleo accumbens considera a melhor opção em determinada situação é o que tem a maior possibilidade de ser expresso. Não é culpa minha que eu furo minha dieta, o problema é que meu núcleo accumbens considera chocolate o máximo (e, infelizmente, meu córtex pré-frontal concorda).

Você deve lembrar que antes eu expliquei que, quando estamos sob estresse, nosso núcleo accumbens considera o valor relativo das opções de comportamento disponíveis e escolhe a melhor. Mas também é preciso mencionar que o núcleo accumbens faz isso o tempo todo, não apenas em situações de estresse. A todo momento da nossa vida, nosso cérebro analisa e decide quais comportamentos servem melhor aos nossos interesses. Não temos consciência dessa atividade porque acontece fora do córtex pré-frontal, mas esse processo influencia também nosso comportamento consciente e deliberado.

Imagine uma situação em que o núcleo accumbens determina que duas possíveis atitudes têm o mesmo valor potencial. É como o dilema Coca *versus* Pepsi. Para a maioria das pessoas, essas duas opções são quase idênticas e intercambiáveis (ao contrário do Twix da direita ou da esquerda da embalagem, em que um é claramente melhor que o outro). Algumas pessoas têm uma preferência definida e defendida com veemência, mas a maioria não está nem aí se vai beber Coca ou Pepsi, já que ambos os refrigerantes satisfazem basicamente o mesmo desejo. Pois bem, mas e se a nossa sobrevivência em uma situação ameaçadora dependesse de fazer a escolha certa? Nosso cérebro precisaria ter um mecanismo para forçar uma escolha, e isso existe.

Não vou entrar em muitos detalhes aqui (quer dizer, só um pouquinho, nas notas de rodapé).[28] Basta dizer que, quando estamos estressados e diante de múltiplas opções, qualquer pequena vantagem é amplificada para ajudar o núcleo accumbens a decidir. Vamos supor que em geral não tenhamos preferência entre Coca ou Pepsi, mas no passado tivemos experiências ligeiramente melhores quando optamos pela Coca. Essa pequena diferença se amplifica quando estamos estressados, o que aumenta a probabilidade de elegermos uma opção favorita. É esse mecanismo adaptativo que ajuda nosso cérebro a tomar uma decisão difícil sob pressão. Se fugir ou lutar forem mais ou menos similares em termos de valor potencial, mas uma opção tiver uma pequena vantagem em relação à outra, esse mecanismo ajuda a assegurar que vamos tomar a melhor decisão possível, mesmo quando nossa mente consciente diz: "Ah, tanto faz".

---

28 Quando o hipotálamo produz CRF, esse hormônio por sua vez ativa uma área chamada *núcleo dorsal da rafe*. Essa estrutura tem conexões disseminadas por todo o cérebro, e no núcleo accumbens ajuda a salientar a diferença entre as escolhas possíveis.

Isso significa que, quando estamos estressados e soltos no mundão, sempre que encontrarmos uma oportunidade de fazer alguma coisa que nosso cérebro prefira, é mais provável que façamos isso. Provavelmente é uma atitude que não tem nenhuma relação com o alívio do nosso estresse, mas o cérebro não sabe disso. Só o que o cérebro sabe é que estamos estressados e que um cookie com gotas de chocolate cairia bem demais agora.

AGORA UMA AJUDINHA PARA QUEM ESTÁ SÓ FOLHEANDO:
- Além de afetar negativamente nossa saúde, o estresse também pode estimular comportamentos pouco saudáveis.

Perceba também que o estresse não potencializa só os comportamentos pouco saudáveis. Se meu estilo de vida fosse outro e eu tivesse treinado meu cérebro a gostar de praticar corrida, quando estivesse estressado minha maior propensão seria a de sair para dar uma corridinha. Pena que eu nunca aprendi a gostar de correr.

No dia seguinte ao que concluí a seção anterior, viajei até Colorado Springs para uma sessão de autógrafos na livraria da rede Barnes & Noble. Tento participar o máximo possível desse tipo de evento, e, agora que estamos instalados em Denver há alguns meses, existe mais espaço no meu cronograma para isso. Desde a publicação do meu livro anterior, aprendi que ser um autor de sucesso, assim como ser um comediante de sucesso, exige muito esforço. Os livros de celebridades se vendem sozinhos, mas ninguém está fazendo fila à espera do meu novo lançamento (ainda). Para você entender melhor do que estou falando, no meio da sessão de autógrafos uma mulher se aproximou da mesa onde eu estava e disse: "Nunca ouvi falar de você". Minha resposta foi: "É por isso que eu estou aqui. Você já ouviu falar de J. K. Rowling?". "Ah, sim!", ela respondeu. "É por isso que ela não está aqui", complementei. Talvez eu tivesse mais sucesso se escrevesse sobre magos adolescentes ou vampiros alunos do ensino médio, ou se tivesse um programa na TV, mas por enquanto estou satisfeito em viajar por aí promovendo meu trabalho o máximo que puder.

Em sessões de autógrafos como essa, não recebo nenhum tipo de compensação financeira da livraria, nem da editora, nem de ninguém. O mercado editorial funciona assim mesmo, então não se trata de uma crítica à Barnes & Noble ou à minha editora. Para você entender mais ou menos a situação do autor, perguntei a um dos clientes se ele gostaria de conhecer meu livro. A resposta dele foi: "Eu não gosto de ler". (Ele certamente escolheu o lugar certo para passar a tarde de sábado.) Quem dera fosse só um incidente isolado, mas esse tipo de coisa acontece quase todos os dias. É uma luta mesmo. Mas eu também não tenho nenhuma expectativa de receber alguma compensação. Participo desses eventos porque quero que as pessoas leiam os meus livros e me sinto grato por oportunidades assim.

Mas muitas livrarias Barnes & Noble têm cafés Starbucks dentro das lojas e, com frequência, me oferecem um café por cortesia da casa, e foi isso, que aconteceu em Colorado Springs. Eu agradeci e fui até o balcão fazer meu pedido. Quando eu estava no caixa, o atendente perguntou se eu queria mais alguma coisa, e aquelas palavras tão familiares surgiram na minha mente: "Sim, vou querer um cookie com gotas de chocolate, por favor". Fechei meu pedido e, enquanto esperava pelo meu café, fiquei me perguntando por que baixei a guarda.

Às vezes a vida imita a arte.

Eu não estava com fome. Inclusive, tínhamos parado para almoçar no caminho. O instinto involuntário de pedir um cookie foi tão estranho porque eu tinha literalmente acabado de escrever sobre esse assunto na noite anterior, e lá estava eu, fazendo o que havia descrito como um mau hábito. Eu estava estressado? Não estava me sentindo assim – mas às vezes, em especial em situações prolongadas, nós acabamos nos adaptando, e o estado de estresse passa a parecer normal. Eu estava trabalhando muito neste livro, preso em casa com Alyssa durante o dia e ficando acordado até tarde para revisar o que escrevia.

É difícil ser produtivo quando ela está acordada, mas felizmente ela capota por volta das nove da noite. (Tem gente que não sabe beber.) Escrever costuma ser uma atividade voluntária, mas eu tenho um prazo a cumprir e número mínimo de páginas a entregar. Eu poderia estar estressado por ter que escrever um livro em uma situação estressante?

Mas então me lembrei de uma coisa que me deixa mais feliz do que chocolate: ganhar coisas de brinde.

- Um cookie grátis nunca é problema.

Nunca é tarde para mudar

Sarah e eu já viajamos juntos há mais de três anos e recorremos a uma ampla variedade de acomodações, a depender das circunstâncias. Se estamos indo para uma palestra ou a um show de comédia *stand-up*, em geral ficamos no hotel pago por quem está promovendo o evento. Isso significa que às vezes nos hospedamos em resorts incríveis que de outra forma não caberiam no nosso bolso. Quando as despesas ficam por nossa conta, tentamos manter os gastos sob controle. Nós viramos especialistas em barganhas. Nos hospedamos com amigos e familiares sempre que possível, não só para economizar, mas também pela oportunidade de passar um tempo com gente de quem gostamos. Para estadias mais longas, o ideal são os apartamentos mobiliados listados em sites como o Airbnb.[29]

---

[29] Como acontece com qualquer serviço, tente se informar ao máximo antes de fechar uma reserva no Airbnb. Na maioria das vezes foi ótimo, mas já tivemos experiências ruins também.

Nunca é tarde para mudar

Recentemente passamos alguns meses em Montreal e encontramos um apartamento incrível no Airbnb. Os proprietários eram um casal que iria passar férias na Europa na mesma época em que estaríamos no Canadá, então o arranjo era bom para as duas partes. Eles devem gostar bastante de música, porque além da mobília tradicional havia um piano por lá. Sarah sempre quis aprender a tocar e, aproveitando a oportunidade, encontrou um professor e contratou algumas aulas. Ela continuou praticando durante todas as semanas que passamos por lá, o que foi um tanto desafiador, porque Alyssa também queria dar suas pancadinhas nas teclas durante as sessões. Em pouco tempo, Sarah pegou o jeito da coisa e continua praticando sempre que tem a chance, o que não é fácil com uma criança pequena sempre por perto.

Vai demorar um certo tempo antes que Sarah comece a compor suas próprias sonatas, mas eu mal posso esperar até a grana preta do milionário mercado de sonatas começar a entrar! Sarah e eu estamos sempre em busca de novos interesses e aprendendo coisas novas. Enquanto ela aprendia a tocar piano, eu aprendia a ter paciência para ouvir as mesmas escalas milhares de vezes seguidas sem ter vontade de estourar os tímpanos com o cotonete.

Se alguém fizesse um exame de imagem no cérebro de Sarah depois de vários meses praticando piano, provavelmente veria algumas alterações que refletissem essa habilidade recém-adquirida. Essa alteração seria relacionada a algo que chamamos de "neuroplasticidade" – o fato de nosso cérebro ser capaz de fazer mudanças estruturais para acompanhar as demandas da vida. Essa descoberta científica é relativamente nova, mas desde mais ou menos a década de 1960 os pesquisadores vêm ampliando nossa compreensão sobre como o cérebro muda e sua capacidade para isso. Os mecanismos envolvidos são bastante complicados, e vou poupar você de maiores detalhes para não transformar isto aqui em um livro teórico.

Mesmo assim, eu gostaria de assinalar que nosso cérebro tem essa capacidade de mudar. Isso é relevante porque, por muito tempo, nós achamos que não tinha. Os estudos sobre a neuroplasticidade começaram algumas décadas antes de eu nascer, mas me lembro de aprender na faculdade que nosso cérebro, durante seus anos de desenvolvimento, se configurava para ajudar a moldar o tipo de adulto que nos tornaríamos e que, quando atingia sua idade de maturidade, por volta dos vinte e poucos anos, não teria mais a capacidade de mudar. Eu aprendi isso, acreditei e passei a ensinar para os outros. A maioria das pessoas não percebe muitas mudanças significativas no cérebro depois de adultas, então parecia fazer sentido, apesar de estar errado.

Imagine que, por alguma razão, você passou a vida treinando seu cérebro para reagir de forma exagerada a situações adversas. Ou talvez tenha adquirido o costume de se preocupar desnecessariamente ou ruminar pensamentos negativos. Talvez seu cérebro tenha aprendido a fazer você meter a mão na buzina sempre que pega um congestionamento. A parte mais legal das pesquisas sobre a neuroplasticidade é revelar que, qualquer que seja o comportamento que deseja mudar, você tem capacidade para isso. É por isso que a psicoterapia funciona.

Mas não se iluda: só porque podemos mudar, isso não significa que vamos mudar. Em uma seção anterior eu expliquei que meu cérebro ama tanto chocolate que às vezes peço cookies sem nem pensar a respeito, e que é uma pena meu cérebro nunca ter gostado de praticar corrida. Adivinha quantas vezes eu saí para correr desde que escrevi isso? Se você chutou algum número maior que zero, é uma pessoa bastante otimista, e eu agradeço, mas infelizmente não é esse o caso. Agora adivinhe quantos cookies eu comi nesse mesmo período. Ah, para com isso. Guarde o seu palpite para você! Mudar é muito difícil, e desconfio que esse seja um dos motivos por que nós achávamos que o cérebro adulto não tinha essa habilidade. Somos de uma incompetência notável quando o assunto é mudar nosso comportamento. Nosso cérebro se acostuma com os comportamentos testados e aprovados que foram úteis no passado e com frequência se revela resistente ao esforço de adquirir outros. É por isso que precisamos de terapia.

Sarah precisava se obrigar a se sentar ao piano e praticar nas teclas. Precisava aproveitar quando Alyssa estava dormindo, ocupada ou passeando com o papai.

Com certeza houve vários dias em que ela preferiria estar sentada no sofá matando o tempo com a TV, mas fazia questão de se manter praticando. As aulas semanais funcionavam como o incentivo necessário, e a cada semana o professor passava novos exercícios para ela praticar. Assim como na terapia.

Eu não toco piano, mas acredito que aprender seja mais fácil do que as mudanças de comportamento que a maioria de nós tenta fazer, como parar de fumar, moderar nosso temperamento ou fazer exercícios físicos; mesmo assim, o piano ainda exige muita perseverança e dedicação de Sarah. Sim, eu imagino que seja mais difícil parar de se preocupar tanto ou deixar de se irritar o tempo todo. Mas, assim como as pessoas podem aprender a tocar piano, também podem aprender a lidar com seus comportamentos e conseguir controlá-los. A ciência mostra que temos capacidade de mudar, só que é muito difícil. Como praticar corrida.

Espero que isso não desanime ninguém a tentar melhorar e se aprimorar, mas a realidade é que a mudança é difícil e a maioria de nós não consegue. Mas, a não ser que haja circunstâncias específicas, como danos cerebrais, por exemplo, modificar nosso comportamento não é impossível. Eu gosto de enfatizar isso porque essa informação pode servir para nos incentivar a continuar tentando. Podemos tentar mudar algo no nosso comportamento e não conseguir, mas se não desistirmos podemos chegar lá.

- Nunca é tarde para mudar a forma como lidamos com o estresse.

Curiosamente, uma das coisas que interferem na capacidade de mudança do nosso cérebro é o estresse, que reduz a produção de um hormônio chamado *fator neurotrófico derivado do cérebro*, ou BDNF (em inglês, Brain Derived Neurotrophic Factor), necessário para a neuroplasticidade. Mais uma razão para aprender a lidar melhor com isso.

Superando obstáculos

Nunca pensei muito seriamente em ter filhos, já que tinha outras fontes de alegria na vida. Além disso, era extremamente imaturo. (Bom, isso não mudou tanto, mas agora eu tenho uma filha). Um motivo para eu me sentir feliz por ter esperado mais tempo para ser pai é achar que estou em uma posição melhor para observar seu desenvolvimento, depois de ter estudado psicologia por tanto tempo, e hoje percebo coisas que poderia ter deixado passar quando era mais novo.

Por exemplo, na casa dos meus pais, eu me lembro de quando ela deu de cara com o degrau que liga a sala de estar, que fica numa parte mais rebaixada, ao restante da casa. Estávamos passando uma semana lá, e Alyssa ainda estava aprendendo a engatinhar. Em um dos primeiros dias, vi quando ela reparou na existência do degrau e foi engatinhando até lá. Ela não sabia o que fazer para superá-lo, então se afastou, desanimada. No dia seguinte, engatinhou até lá de novo, mas dessa vez colocou uma das perninhas em cima do degrau. Ainda não conseguiu superar o obstáculo, mas tentou de novo no outro dia. Por fim, depois de alguns dias de tentativas, conseguiu engatinhar para cima do degrau, subir e continuar a circular pela casa com a maior facilidade. Um pequeno passo para um bebê, mas um enorme passo para deixar o papai orgulhoso. Depois disso, ela já pode começar a treinar para as Olimpíadas.

Todos os pais e todas as mães vivem momentos assim, mas o que me chamou atenção foi a resiliência que ela demonstrou depois da dificuldade inicial. Ao contrário de certos adultos, ela não ficou parada, sentindo pena de si mesma depois do fracasso na primeira tentativa. Não pareceu ter ficado irritada, frustrada nem triste, e tenho quase certeza de que não ficou se sentindo um fracasso. Em vez disso, seguiu em frente e voltou ao obstáculo mais tarde com um novo plano de ataque. Foi emocionante vê-la estabelecer um objetivo para si mesma, aprender com as tentativas malsucedidas e triunfar no final.

Superando obstáculos

Hoje Alyssa teve a chance de escolher um item de sua caixa de doces do Halloween. Sinceramente, fico impressionado por ainda ter sobrado algum, mas ela soube como fazer render. Escolheu um caramelo sabor chocolate, e fomos para o carro. Quando ela estava instalada na cadeirinha, Sarah se virou para ajudá-la a abrir, mas nós a vimos mastigando a bala, e a embalagem não estava em nenhum lugar à vista. A princípio ficamos com medo de que ela tivesse engolido, mas estava jogada no chão do carro. Com um pouco mais de um ano e meio, nossa filha tinha aprendido a abrir as embalagens de seus doces sozinha! Não é exatamente um grande marco para a vida, mas nessa idade todos os desafios são oportunidades de aprendizado, e ver a expressão de orgulho em seu rosto enquanto mastigava a bala sem papel e sem pedir a ajuda de ninguém foi uma coisa impagável. Eu sou um pai coruja. Minha garotinha é esperta.

Não muito tempo atrás, passei alguns anos em turnê pelo país, discutindo a importância da resiliência psicológica, principalmente em relação ao estresse. Resiliência é nossa capacidade de nos recuperarmos da adversidade, de nos reerguermos ou recuperarmos o equilíbrio depois de um acontecimento adverso. Trata-se de um fator importante para enfrentar e superar situações estressantes. Ao ver minha garotinha aprender a subir aquele degrau ou tirar a embalagem do caramelo sozinha, percebi que tinha bem diante dos meus olhos um excelente modelo de resiliência. As crianças são naturalmente resilientes; isso faz parte do processo de crescimento. Infelizmente, é um traço que na minha opinião alguns de nós acabamos perdendo com o passar do tempo.

A maioria dos adultos enfrenta desafios muito maiores que subir um degrau, mas a perseverança dela, sua recusa a ceder à frustração e sua determinação de não desistir são características das pessoas resilientes.

O tempo de recuperação após um acontecimento adverso muitas vezes é usado como medida de resiliência.[30] Coisas ruins acontecem o tempo todo, e com todo mundo. Pense nisto: em geral, quando um problema acontece,

---
30 Não que eu acompanhe muitas pesquisas nessa área, mas minha definição preferida de medida de resiliência é a que está em: Richard J. Davidson e Sharon Begley, *O estilo emocional do cérebro* (Rio de Janeiro: Intrínseca, 2013).

quanto você demora para se recuperar? Você supera a questão relativamente rápido ou o sentimento negativo tende a ficar por mais tempo? Quem se recupera mais rápido é mais resiliente, ao passo que aqueles que tendem a demorar um pouco mais são menos resilientes. O período de recuperação considerado saudável varia de acordo com a natureza do acontecimento, claro. Algumas coisas exigem mais tempo que outras. Vou dar um exemplo de algo ocorrido recentemente na minha vida.

Toda vez que faço uma aparição pública, seja uma palestra, uma apresentação de *stand-up* ou uma tarde de autógrafos de livros, sempre levo comigo uma caneta. Na verdade, nunca compro canetas, simplesmente acabo "conseguindo" uma, mas nem por isso deixo de ter um modelo preferido. Não sei qual é a marca, mas se encaixa na minha mão com perfeição, melhor do que qualquer outra. A tinta flui com consistência e faz um traço bem firme e sólido toda vez que uso. É minha caneta preferida, e sempre que tenho uma dessas tento não perdê-la e mantê-la bem guardadinha no bolso do paletó. Há pouco tempo fiz uma tarde de autógrafos e, quando a primeira pessoa apareceu para ter seu livro assinado, levei a mão ao bolso do paletó, mas a caneta não estava lá. Eu tinha perdido minha caneta preferida e fiquei arrasado! Tive que me conformar em usar uma esferográfica barata e fiquei bem desanimado pelo restante do evento. Brincadeirinha. Eu praticamente nem liguei, porque era só uma caneta idiota. Eu gostava dela, verdade, mas era uma coisa trivial, que não vale o desgaste de nenhum tipo de reação negativa.

No entanto, muitas vezes as pessoas têm reações exageradas diante da perda de coisas sem valor. Obviamente, a perda de uma caneta é um acontecimento que a maioria de nós não precisaria de muito tempo para se recuperar, mas uma situação mais grave exige um período maior para ser superada. Mesmo assim, alguns de nós nos recuperamos mais rápido que os demais. A resiliência é nossa resistência metafórica a uma porrada emocional.

Eu adoro filmes, principalmente as grandes produções de ação, carregadas de efeitos especiais. Na verdade, é o único tipo de filme que ainda me fez ir ao cinema. Além disso, esse segmento de mercado é dominado por longas-metragens

Superando obstáculos

baseados nos gibis que eu adorava ler quando era um adolescente nerd, e hoje, como um adulto nerd, gosto de ver esses personagens ganharem vida na telona. Se você não é um geek fanático por super-heróis, provavelmente não sabe que existe uma cena no primeiro filme do Capitão América[31] em que um Steve Rogers baixinho e magrelo (o cara que mais tarde receberia uma injeção com o soro de supersoldado e ganharia o corpo do ator Chris Evans) está no cinema. Quando um cara começa a reclamar da programação durante um cinejornal sobre a Segunda Guerra mundial, o patriota Steve o manda ficar quieto. Depois de um corte na ação, a cena seguinte mostra o grandalhão que estava reclamando enchendo Steve de porrada em um beco. Os socos o acertam bem no meio da cara e o mandam para o chão a cada vez que o acertam, mas vez após vez Steve Rogers se levanta. Depois do terceiro soco o cara pergunta: "Você não sabe mesmo como desistir, né?". E Steve responde: "Eu posso continuar a fazer isso o dia inteiro". Trata-se de uma reação que pode ser considerada pura teimosia, mas gosto de pensar que é uma demonstração de resiliência.

As pesquisas mostraram que a resiliência é uma função do córtex pré-frontal, que, conforme mencionei antes, é a parte do cérebro que usamos para pensar.[32] Colocando a questão em termos bem simples, são nossos pensamentos que nos tornam resilientes. A maneira como processamos as informações e o que pensamos depois de um acontecimento adverso têm uma influência enorme no nosso tempo de recuperação. Lembre-se que o córtex pré-frontal tem a capacidade de se sobrepor à atividade de outras áreas do cérebro e que nossos pensamentos influenciam nossas reações emocionais e fisiológicas. Imagine se eu tivesse reagido à perda da minha caneta com um chilique e ficasse pensando no quanto ela era especial, perfeita e insubstituível. Entende? Imagine se eu ficasse exagerando deliberadamente a sensação de perda. É bem provável que eu me sentisse abalado pela situação por bem mais tempo.

---

31 Obviamente, estou falando do filme de *Capitão América: o primeiro vingador*, dirigido por Joe Johnston (Estados Unidos: Paramount Pictures, 2011).

32 Davidson e Begley, *O estilo emocional do cérebro*.

Quando minha filha aprendeu a subir aqueles degraus, ainda não tinha desenvolvido suas habilidades linguísticas, então só posso supor quais podem ter sido seus pensamentos. Mas, com base em suas reações, é possível imaginar que não deviam ser desanimadores. Ela também sorria bastante, o que é normal em seu caso. Isso me oferece mais uma pista sobre o que poderia estar passando por sua cabeça enquanto encarava aquele desafio.

A resiliência psicológica é fortemente associada à felicidade. Se você está feliz, não tem problemas para controlar seu estresse e, se estiver sofrendo com o estresse, provavelmente não está feliz. É difícil imaginar alguém que esteja estressado e feliz ao mesmo tempo. Ambas as experiências se dão em função de atividades que ocorrem no córtex pré-frontal. Mas não é a atividade presente em todo o córtex pré-frontal que define essas experiências – elas dependem do fato de quanto há de atividade no lado esquerdo ou no lado direito. Quando há mais atividade do lado esquerdo do que no direito, as pessoas relatam que se sentem felizes e aparentam tranquilidade. Quando há mais atividade no lado direito do que no esquerdo, as pessoas relatam que se sentem estressadas, ansiosas e preocupadas. Em outras palavras, os pensamentos que ajudam a lidar com o estresse são os mesmos que deixam você feliz. Da mesma forma, os pensamentos que deixam você feliz ajudam a suprimir o estresse. Como eu mencionei mais cedo, caso a atividade no córtex pré-frontal quando entramos em um congestionamento seja a mais apropriada, nosso cérebro pode não se sentir ameaçado pela situação.

Existem evidências de que a felicidade e a resiliência são em parte genéticas.[33] Se sentir feliz ou estressado são estados mentais temporários, que vêm e vão, mas em termos gerais nós temos um certo nível de felicidade. Por exemplo, normalmente sou um cara feliz, mas acho que ninguém me descreveria como "empolgado" ou "radiante". Conheço pessoas que são assim e as considero muito mais felizes que eu. E também conheço pessoas que, sejam quais forem

---

33 Lyubomirsky, *A ciência da felicidade*.

as circunstâncias, nunca parecem estar muito felizes. Não sei se você conhece o velho debate de "natureza *versus* criação" – ou seja, qual fator é mais importante para moldar o indivíduo: a biologia ou o ambiente. Não é exatamente um debate, já que a maioria dos pesquisadores concorda que ambos são importantes para moldar nossa disposição psicológica. Em termos de felicidade, acredita-se que o componente genético responda por metade da equação – 50% do quanto você está feliz agora é atribuído aos seus genes, cerca de 10% às circunstâncias de sua vida e o restante a seus comportamentos e pensamentos.[34] A felicidade e a resiliência podem ser em parte genéticas, mas nós temos bastante potencial para alterar nosso estado emocional.

E AGORA, PARA QUEM ESTÁ SÓ FOLHEANDO:

- A resiliência psicológica é nossa habilidade de superar um desafio, nos reerguer depois de um acontecimento adverso ou lidar com o estresse.
- A resiliência é altamente relacionada à felicidade, e ambas se dão em função de como pensamos a respeito dos acontecimentos que vivemos.
- A melhor forma de ler um livro é simplesmente dar aquela folheada. Pode acreditar.

---

34 Lyubomirsky, *A ciência da felicidade.*

3

Objetivos e planos

Desde que me entendo por gente, sempre fui bem menos afetado pelo estresse do que as pessoas ao meu redor. Eu me lembro de manter a calma em carros cheios de crianças aos berros, de não esquentar a cabeça por causa de contratempos e conseguir ter tranquilidade em situações que fariam outros surtarem. Eu me lembro de ter aprendido a definição da palavra "apático" quando uma professora a usou para comentar minha aparente despreocupação com alguma coisa que deveria ser muito, mas muito importante.[35] E, já que valia a pena para mim, eu compartilhava esse meu ponto de vista com os outros sempre que possível.

Por exemplo, quando eu era um estudante universitário em Austin, na Universidade do Texas, fui até a loja de informática do *campus* comprar um computador. Ao ouvir meu nome, o técnico que estava me atendendo, também um estudante, falou: "Brian King? Uma vez eu trabalhei com um cara chamado Brian King". Nós acabamos descobrindo que, alguns anos antes, trabalhamos juntos em um restaurante da rede Taco Bell. Não consegui me lembrar dele, mas ele claramente sabia quem eu era.

Você já trabalhou com *fast-food*? Eu passei os primeiros anos depois de

---

[35] Sarcasmo. Dã.

sair do colégio encarando qualquer emprego que aparecesse. Recheava tacos e burritos, fritava e grelhava hambúrgueres e até assava e entregava pizzas. Em geral, trabalhar nesse ramo pode ser extremamente estressante. O ritmo é sempre acelerado, sempre tem uma fila de clientes para atender dentro da loja e no *drive-through*, e todo mundo quer receber seu pedido depressa. Quando o movimento diminuía, o gerente nos pressionava para que parecêssemos ocupados com alguma coisa, mesmo que não estivéssemos. Não era incomum eu ficar passando o esfregão em um piso já limpo só porque não tinha nada mais para fazer. Isso sem contar que toda a ação acontecia em uma cozinha calorenta usando um uniforme de poliéster. Eu recebia 3 dólares e 35 centavos por hora, e por mim tudo bem. Não existem muitas portas abertas para pessoas que não concluíram nem o ensino médio. Meus colegas eram uma interessante mescla de aposentados, ex-presidiários, presos em liberdade condicional e desempregados em geral, e às vezes um ou outro estudante de ensino médio ou faculdade.

Enquanto explicava os detalhes sobre o meu computador, o técnico me falou que se lembrava do meu nome por causa de uma coisa que falei. Um dia, durante um turno especialmente complicado, ele estava se sentindo sobrecarregado por trabalhar e estudar tanto. Ao que parece, eu falei algo do tipo: "Não esquenta com isto aqui, é só o Taco Bell",[36] e isso o lembrou de se concentrar na coisa mais importante, como naquela bela vaga de técnico em informática que o aguardava em um futuro próximo. Sinceramente, não faço ideia do que falei para ele depois de "é só o Taco Bell", mas, seja o que for, ficou na cabeça do cara a ponto de ele me agradecer pelo conselho anos depois. Por um momento, ele havia perdido de vista seu objetivo de longo prazo em meio ao estresse relacionado ao preparo de tacos.

Ter algo em vista para o futuro pode nos ajudar a suportar muita coisa. Sim, aqueles empregos eram estressantes. Os estudos eram estressantes. Ora, a vida era estressante. Em um determinado momento dessa época da minha vida,

---

36 Não que exista alguma coisa de errado nisso. Apesar de ter trabalhado lá por quase um ano, continua sendo a minha rede de fast-food predileta.

eu fui praticamente um sem-teto. Dormia na cama de baixo do beliche do meu amigo, dentro do trailer da família dele, que ficava acampado no mato. As poucas coisas que eu tinha estavam guardadas na garagem da casa de outro amigo. Eu trabalhei em uma série de empregos de baixa remuneração enquanto cursava disciplinas na faculdade comunitária local, mas nunca me deixei abalar. Acho engraçado que, quando conheço as pessoas hoje em dia, elas me veem como um comediante/palestrante de boa formação educacional, com uma companheira amorosa e uma filha linda. Quando falo sobre lidar com estresse, é porque já lidei com estresse mesmo.

Existem algumas coisas que posso citar que me ajudaram a manter a cabeça no lugar durante esse período na vida. Em primeiro lugar, eu tinha um objetivo a perseguir. A faculdade me proporcionava um senso de propósito, e – como aprendi desde então com as pesquisas sobre felicidade e resiliência – isso ajudou bastante. Enquanto eu soubesse que estava progredindo na minha formação educacional, sentia que era capaz de suportar qualquer coisa. Em segundo lugar, eu sabia me virar do jeito que dava. Quando meu carro quebrou e eu não tinha grana para mandar arrumar, comecei a fazer as leituras obrigatórias para as aulas no ônibus. Por sorte, quando me tornei um sem-teto por um tempo, os pais do meu amigo me ofereceram a casa deles, mas eu já tinha um esquema planejado para dormir nas salas de estudos do *campus*, que ficavam abertas a noite toda, e tomar banho na academia caso não houvesse chuveiro por lá. Enquanto eu estivesse limpo, com uma mochila nas costas e cara de estudante, imaginava que seria bem fácil viver em um *campus* daquele tamanho. Nunca precisei pôr esse plano em ação, mas só de imaginar que essa solução era possível me ajudava a lidar com a situação. Em terceiro lugar, eu sabia que, se as coisas ficassem insuportáveis, poderia contar com a minha rede de segurança. A qualquer momento, os meus pais estariam dispostos a me receber de volta na casa deles. Meu forte senso de propósito, minha disposição de me valer de todos os meios disponíveis e o fato de ter um plano caso o pior acontecesse me impediam de me estressar, mesmo em um período bem estressante. Cada um

Objetivos e planos

desses componentes – perseguir objetivos, resolver problemas e se planejar para eventualidades – também é uma função relacionada ao raciocínio.

Pessoas resilientes levam a vida pensando e planejando; elas veem os problemas e os acontecimentos adversos como coisas temporárias e/ou possíveis de resolver. Com certeza foi esse o caso nos meus primeiros anos de faculdade: eu considerava que minha situação era temporária e estava sob controle. E estava mesmo.

Até hoje minha reação a situações estressantes é tentar resolver o problema e elaborar planos. Há pouco tempo, no meio de uma turnê, Sarah e eu nos deparamos com um potencial problema. Estávamos em Jacksonville, na Flórida, cada um com seu carro, e precisávamos pegar um automóvel alugado no aeroporto, que devolveríamos em três semanas. Deixamos um dos nossos carros no aeroporto e, para economizar o dinheiro do estacionamento, o outro ficou na casa de uma amiga de Sarah que tinha espaço sobrando na entrada da garagem. Tudo saiu conforme o planejado – deixamos meu Mustang na casa da amiga dela, fomos com o Prius de Sarah para o aeroporto, pegamos o carro alugado e partimos para o Tennessee.

A turnê atravessou todo o estado, de Memphis (famosa por ser a terra de Elvis) a Johnson City (famosa por ser a terra de, sei lá... Johnson?), e estávamos voltando à Flórida para uma série de apresentações esparsas a caminho de Gainesville, quase duas semanas depois, quando recebemos um telefonema da amiga de Sarah. "Eu preciso receber uma entrega, e talvez precise mandar guinchar seu carro." Como assim? Deixando de lado a lógica bizarra da situação, percebi que tinha confiado meu carro a alguém cujo primeiro impulso era mandar guinchá-lo assim que causasse alguma inconveniência. O guincho e as diárias do pátio de veículos recolhidos não sairiam baratos, e além disso eu adorava meu Mustang, então dava para dizer que eu estava diante de um urso. Imediatamente comecei a pensar em um plano. Tínhamos mais uma apresentação a fazer em

Daytona Beach antes de pegar um avião para Nova York, e no pior dos casos um de nós (Sarah) poderia viajar até Jacksonville com o carro alugado, mobilizar outra pessoa para dirigir o Mustang até outro lugar e voltar para Daytona Beach antes do fim do evento e a tempo de pegar o voo. Seria cansativo e desgastante, mas era viável. Felizmente, um simples telefonema para a amiga de Sarah resolveu o problema, mas, em caso contrário, nós tínhamos um plano.

Lembre-se do que foi discutido antes: os sentimentos negativos podem interferir na nossa capacidade de pensar, restringindo o leque de opções que levamos em conta. Às vezes elaborar um bom plano exige criatividade, e é mais fácil sermos criativos quando estamos calmos e pensando com clareza.

A resiliência é um estado mental, uma atitude. Só para esclarecer, as pessoas resilientes não vivem fora da realidade. Quando um problema parece sair de controle, elas se estressam. Só pode demorar um pouco mais para acontecer, e a ameaça precisa ser muito grande pra tirá-las do sério. Em outras palavras, elas vão se estressar com um urso, mas provavelmente não vão ligar muito para o trânsito. Quando tento explicar essa atitude de resiliência para pessoas menos resilientes, inevitavelmente acabo dizendo coisas como "relaxa", ou "pega leve", ou "não esquenta". Por exemplo, posso dizer uma frase como: "Relaxa, não é nada de mais, não esquenta". Na verdade, eu me identifico com a música "Take it Easy", dos Eagles, ou pelo menos com o refrão, justamente porque fala de resiliência.[37]

Take it easy, take it easy
Don't let the sound of your own wheels drive you crazy
Lighten up while you still can
Don't even try to understand
Just find a place to make your stand, and take it easy[38]

---

[37] Mais do que, por exemplo, a canção "Desperado".

[38] Em tradução livre: "Não esquenta, não esquenta/ Não deixe o som do seu próprio motor te enlouquecer/ Se anima enquanto você ainda pode/ Nem tenta entender/ Só encontra um lugar para fazer seu lance e não esquenta. (N. T.)

Não sou nenhum especialista em música, mas acho que essa faria bem menos sucesso caso se chamasse "Just Be Resilient". Por outro lado, não seria o máximo se o último verso fosse: "Just take a minute to make a plan, then take it easy?"[39]

Aposto que ninguém se sente reconfortado quando alguém lhe diz para relaxar ou não esquentar a cabeça no meio de uma crise. Dizer para uma pessoa que está furiosa, ansiosa ou desesperada para relaxar pode ser visto como uma atitude indiferente, no melhor dos casos, e agravar ainda mais o estresse. A depender da situação, eu costumo validar os sentimentos da pessoa com quem estou conversando.

Uma vez eu estava viajando pelo Outback Australiano quando um carro passou por mim em alta velocidade, com o motorista buzinando furiosamente. Não sei por que ele buzinou – talvez eu estivesse indo devagar demais, talvez tenha dado uma freada súbita para não atropelar um canguru ou coisa do tipo[40] –, mas, fosse qual fosse a razão, acabei cruzando com o mesmo motorista de novo mais adiante, em um posto de gasolina.[41] Mal tive a chance de descer do carro, e já havia uma mulher berrando comigo com um sotaque britânico. Ela gritou: "O que você fez lá atrás foi muito perigoso! Meu marido precisou desviar de você para não bater!". Eu não fazia a menor ideia do que ela estava falando, mas a fúria britânica é uma coisa assustadora, então simplesmente respondi: "Desculpa, mas que bom que ele conseguiu desviar!". Ela meio que ficou me encarando, um tanto confusa, e entrou na loja de conveniência. Talvez tenha ficado decepcionada por eu não ter entrado na briga. A melhor hora de desenvolver habilidades para controlar o estresse não é quando estamos com o

---

39 "Só tira um tempinho para elaborar um plano, depois nem esquenta". (N. T.)

40 É sério, eles vivem atravessando na frente dos carros por lá.

41 No Outback, ou em qualquer lugar da Austrália, é bom não perder a oportunidade de abastecer quando você encontra um posto de gasolina.

organismo entupido de cortisol – esse é o momento em que precisamos colocá-las em prática. Precisamos trabalhar nossa capacidade de resolver problemas, de elaborar planos e de nos envolver em outras atividades cognitivas positivas antes de nos vermos diante de um urso. Caso contrário, o som do nosso próprio motor pode acabar nos levando a um lugar aonde não gostaríamos de ir.

Se sentindo no controle, mesmo quando não estiver

Um ano depois que Sarah passou a me acompanhar nas turnês, nós fizemos uma viagem de férias de verão a Montreal. Nosso plano original era ir a Londres, mas por algum motivo esquecemos de comprar as passagens com antecedência e, quando fomos fazer isso mais tarde, os preços já estavam absurdamente altos. Como ainda tínhamos o tempo livre e queríamos viajar para fora dos Estados Unidos, optamos pelo Canadá. Mais tarde acabamos viajando de carro pela Trans-Canada Highway, só que antes passamos algumas semanas em Montreal. Eu já tinha ido diversas vezes, mas era a primeira visita de Sarah à cidade. Nós adoramos. Montreal é uma cidade impressionante, animada e cheia de vida, com um toque europeu, graças à sua cultura francesa. Nos divertimos tanto que quando fomos embora um de nós dois tinha um bebê na barriga. Vou deixar para você a tarefa de adivinhar quem.

No ano seguinte, quando Alyssa tinha apenas alguns meses de idade, decidimos voltar a Montreal, dessa vez para passar o verão inteiro. Mais uma vez adoramos, mas dessa vez nenhum bebê foi concebido (pelo menos não que eu saiba). Em vez disso, decidimos comprar uma casa. Conhecemos um corretor de imóveis formidável, Raymond LaRivière, e passamos uma semana procurando até decidirmos fazer uma proposta por uma bela casinha em um condomínio, e a oferta foi aceita. Duas semanas depois, éramos proprietários de um imóvel. Dois dias depois de terminar os trâmites da compra, deixamos a cidade para começar nossa nova turnê de palestras pelos Estados Unidos. Não conseguimos dormir nem ao menos uma única noite em nossa casa nova.

Como tínhamos um trabalho a fazer nos Estados Unidos, pusemos a casa para alugar. Contratamos Raymond e sua empresa para fazer a intermediação com os inquilinos, mas no Quebec, assim como o clima, o mercado imobiliário também esfria no outono e no inverno. E esfria para valer. Alguns meses depois nossa casinha continuava vazia, o que era preocupante, mas não chegava a ser motivo de estresse. Então, felizmente, apareceu um casal de New Brunswick querendo alugar nosso espaço como um lugar para passar os fins de semana. Seria de pensar que isso nos proporcionou um alívio, mas na verdade foi quando o estresse começou.

Assim que os inquilinos chegaram, relataram que havia um cheiro tão forte por lá que precisaram ir dormir em um hotel. Sarah e eu estávamos na Flórida, ocupados com um trabalho temporário, e ficamos bastante surpresos ao ficar sabendo que nossos inquilinos estavam insatisfeitos e que nossa amada casinha tinha um fedor misterioso. A inspeção do imóvel não revelou nenhum motivo para preocupação, e durante todo o tempo em que o lugar ficou disponível para aluguel não houve nenhum relato de problemas. Nosso corretor mandou investigar, e um provável vazamento de esgoto foi descoberto embaixo da nossa cozinha. Tivemos sorte que os inquilinos só pretendiam passar uma parte do tempo por lá, porque os armários e os eletrodomésticos precisaram ser removidos, e o piso inteiro teria que ser escavado em busca do vazamento. Ouvir esse tipo de notícia, ver as fotografias e receber e-mails furiosos em francês contribuíram para elevar o meu estresse a um nível que não chegava havia anos. As imagens de Tom Hanks e Shelley Long no filme *Um dia a casa cai* rondavam minha cabeça enquanto eu procurava um jeito de transferir o dinheiro das minhas economias para o Canadá.

Eu brinco sobre ter me tornado pai já mais velho, mas aquela também foi minha primeira aquisição de um imóvel, então temos aqui dois exemplos de chegada tardia aos problemas de adultos. Aos 45 anos, finalmente tinha feito uma coisa que a maioria fazia décadas antes.[42] Embora eu imagine que a maioria das pessoas não compre sua primeira casa em um país estrangeiro onde não more e cujo idioma oficial não domine, comigo as coisas acabam sempre sendo um pouco diferentes. Aliás, nem todo mundo que abandona os estudos no ensino médio acaba com um título de doutorado mais tarde também. Ser proprietário de um imóvel pode ser estressante para qualquer um, mas eu estava começando a achar que poderia ter cometido um grande erro.

Começou a acontecer uma coisa após a outra, e vou poupar você dos detalhes mais desagradáveis e dizer apenas que esse problema se estendeu por mais de dois meses. Durante todo esse tempo, Sarah e eu estávamos a quase 2.500 quilômetros de distância, com as mãos atadas. Comecei a ser atormentado por pensamentos negativos; me preocupava com a casa todos os dias e imaginava meu investimento literalmente indo por água abaixo pelo sistema de esgotos de Montreal. Sarah já havia sido proprietária de um imóvel antes, então ficou menos abalada, mas a minha reação de estresse foi pesadíssima. Como mencionei antes, adoro as redes sociais, mas quase nunca as uso para disseminar coisas negativas. Durante essa época da minha vida, porém, estava sendo bem difícil me manter otimista. Lembro que meu amigo Frank me mandou uma mensagem de incentivo. Ele escreveu: "Você dá um jeito nisso". Mas o problema era justamente esse – eu não tinha como dar um jeito em nada. Nós precisávamos depositar toda a nossa confiança no pessoal de Montreal e torcer para que tudo estivesse saindo como deveria. Não que eu fosse saber o que fazer, mas a pior parte era não estarmos por perto para tomar qualquer providência que fosse.

Além do talão de cheques, eu não controlava mais nada.

Se me permite, vamos voltar aos ursos. Mais uma vez, imagine um animal

---

[42] De acordo com a pesquisa anual da Associação Nacional dos Corretores de Imóveis dos Estados Unidos, porque é claro que eu precisava me informar antes de escrever isso.

Se sentindo no controle, mesmo quando não estiver

imenso e agressivo correndo na sua direção. Trata-se de uma situação naturalmente estressante. Agora imagine que tem nas mãos uma arma carregada com uma dose de tranquilizante. De repente, a situação parece se tornar bem menos estressante: você tem como resolver o problema. Ou então imagine que o urso esteja correndo na sua direção, mas você não está de pé no meio do mato, está em um jipe, e quando o bicho chegar perto demais é só pisar no acelerador e se mandar. Seja como for, você sente que tem alguma forma de influenciar o desfecho da situação. Sente que tem algum controle.

Pessoas resilientes encaram problemas como se estivessem em um jipe com uma arma com tranquilizantes nas mãos. O cérebro tem conexões entre o córtex pré-frontal e as outras áreas que colaboram para a reação ao estresse, o que, na prática, permite à mente consciente interromper essa reação.[43] É como se o cérebro, depois de avaliar o potencial da ameaça que está enfrentando, de repente dissesse a si mesmo: "Eu dou um jeito nisso". Quando você se sente capaz de lidar com um problema, ele deixa de ser motivo de estresse. Repetindo: a resiliência é uma questão de atitude.

Vale ressaltar também que, quando nos sentimos no controle, todos os efeitos negativos do estresse são reduzidos ou eliminados. Se sentir estressado na verdade é se sentir sem controle, para colocar as coisas em temos bem simples. Uma situação estressante na verdade é só uma situação em que o cérebro sente que não pode exercer nenhum controle. Pense de novo no trânsito, uma situação sobre a qual temos pouquíssimo controle. Pense em um ataque de urso – caso você se encontre nessa situação algum dia, eu tenderia a apostar que quem estaria no controle seria o urso. Pense no seu trabalho. A pessoa da chefia a quem você deve satisfação é quem está no controle. As pessoas se preocupam com o que acontece no mundo, desastres em potencial, forças econômicas, mudanças políticas, situações das quais podem se tornar vítimas, canos estourados em um imóvel recém-adquirido em Montreal e mais uma porção de outras coisas sobre as quais não têm o menor controle.

---

[43] Arnsten, Amy F. T. Stress Signaling Pathways that Impair Prefrontal Cortex Structure and Function. *Nature Reviews Neuroscience*, v. 10, n. 6, 2009, pp. 410-422.

Se sentir no controle não é a mesma coisa que ser controlador. Pessoas controladoras são irritantes. São o pior tipo de gente, e, se você é assim, me permita dizer em nome da sua família, dos seus amigos e dos seus colegas de trabalho: pare com isso. E também não é a mesma coisa do que estar no controle. Podemos sentir que temos uma certa capacidade de influenciar o desfecho de uma situação mesmo quando existem outros fatores exercendo seu papel. Quanto mais influência sentimos que temos, mais estresse somos capazes de suportar.

Na maioria das situações, eu sinto que tenho algum controle. O problema no condomínio em Montreal foi tão difícil para mim porque estou acostumado a me sentir no controle, e nesse caso não tinha nenhum. No fim deu tudo certo, e nesse meio-tempo Sarah e eu nos tornamos bons amigos de Raymond, que se desdobrou para nos ajudar mesmo em coisas que estavam totalmente fora de sua alçada. Então, caso esteja procurando um imóvel em Montreal, eu tenho um cara para indicar para você.[44]

Todos nós já nos sentimos no controle de certas situações na vida, mas também temos nossos pontos fracos. Eu costumo chamar de *limiar do estresse* àquele momento em que achamos que não temos mais como dar um jeito na situação e começamos a nos sentir meio sobrecarregados. E chamo de *tolerância* o nível de estresse que conseguimos suportar antes de perdermos as estribeiras. A resiliência não funciona com base em uma construção simples, do tipo "ou isso/ou aquilo", mas como algo que varia dentro de um espectro. Todos temos um limite que podemos suportar, mas o limite de alguns é mais alto que o de outros.

Quando penso em pessoas que estão no topo do espectro da resiliência, sempre me lembro de quem faz parte das forças policiais ou militares, ou então de assassinos de aluguel. Não que eu conheça algum assassino de aluguel, mas

---

44 Sério mesmo, por ele eu ponho a mão no fogo: se quiser comprar uma casa em Montreal, principalmente em Le-Plateau-Mont-Royal, procure por Raymond LaRivière nos cartazes espalhados pela cidade e em <www.raymondlariviere.com>.

aposto que é um trabalho que exige um nível altíssimo de tolerância ao estresse. Por outro lado, já conheci muitos policiais e membros das forças armadas, e eles de fato parecem saber como lidar como uma boa dose de estresse, tanto dentro como fora do trabalho. Por ser de uma família de militares, passei um bom tempo da vida em Fayetteville, na Carolina do Norte, onde fica o Forte Bragg, uma base do Exército. O Forte Bragg é famoso por ser a instalação militar mais populosa do mundo; é o local que abriga o quartel-general do Comando de Operações Especiais do Exército dos Estados Unidos e também a 82ª Divisão Aerotransportada, um verdadeiro criadouro de pessoas com nervos de aço.

Imagino que existam poucos empregos no mundo potencialmente mais estressantes do que a função de paraquedista do Exército. Imagine que entre suas atribuições no trabalho estejam voar pelos ares e pular de um avião em perfeito funcionamento com uma certa frequência. Agora imagine que seu chefe exija não só que você pule de um avião, mas que caia em um lugar onde existem pessoas que queiram te matar. Ei, está vendo aquele acampamento ali? Aquele cheio de caras armados e ameaçadores? Pois é, tenta aterrissar ali por perto. Isso é uma enorme ameaça em potencial, e acho que eu surtaria em uma situação parecida. Mas existe um monte de homens e mulheres aparentemente capazes de executar muito bem essa função. Sei que existem fatores da personalidade que contribuem para seu sucesso, mas imagino que boa parte de sua desenvoltura na função se deva à sensação de controle desenvolvida durante o treinamento. Ao pular de um avião, você não está no controle de nada (quem está no controle são o vento e uma força natural chamada gravidade), mas, se tiver a dose certa de conhecimento e experiência, o paraquedista sabe que tem como influenciar o desfecho da situação.

As forças armadas, a polícia e outras instituições correlatas exercem funções de altíssimo risco e, portanto, precisam de indivíduos com altíssima tolerância ao estresse. Por outro lado, existe a parte inferior do espectro. Nenhum grupo de profissões me vem à mente para exemplificar isso, mas imagino que na parte inferior do espectro ficam as pessoas que se deixam afetar negativamente de verdade pelos engarrafamentos. Todo mundo tem seus maus momentos, claro, mas para alguns o estresse dos deslocamentos diários pode ser um problema muito sério. Nem todo mundo é obrigado a pular de aviões, mas a maioria de nós precisa pegar trânsito de vez em quando.

Alguns anos atrás, junto com meu amigo comediante David DeLuca, eu produzi um show de comédia *stand-up* em Los Angeles. Do ponto de vista de quem vai se apresentar, uma das coisas que tornam a cena de *stand-up* de Los Angeles um pouco diferente do que acontece no restante do país é a dificuldade de conseguir juntar uma boa plateia. Os clubes mais famosos, como Comedy Store, Laugh Factory e Improv, atraem bastante gente, porém só esses lugares não têm como manter todos os comediantes da cidade na ativa toda semana. Sendo assim, acontecem vários shows menores em lugares como restaurantes, bares, cafés, teatros e às vezes até na casa das pessoas. Conheço inclusive uma dupla de comediantes que comprou um ônibus velho que pertencia a um presídio e o transformou em um espaço itinerante para apresentações de *stand-up*.[45] Com tantas opções de entretenimento, os moradores de Los Angeles sempre têm um lugar legal para ir. E, como o deslocamento de uma região da cidade para outra pode demorar mais de uma hora, não chega a ser surpresa que a conta de alguns desses shows não feche. Nós produzimos o nosso em um bar bastante famoso no Santa Monica Boulevard, e ainda assim foi difícil encher a casa. Precisávamos arrumar um jeito de colocar para dentro o máximo de gente possível. Produzir um show de *stand-up* nessas circunstâncias pode ser bem estressante, mas não é por isso que estou mencionando essa história. Em uma noite especialmente fraca de público, um velho amigo meu do Texas entrou em contato comigo para ir ver o show. Eu estava a fim de colocar a conversa em dia, mas a minha maior preocupação na verdade era trazer mais um cliente para o bar. Ele não apareceu.

Ele me mandou uma mensagem depois do show para se desculpar e, para compensar a mancada, se ofereceu para me pagar um almoço no dia seguinte.

---

[45] Um salve para Dusty Trice e Mike Frankovich, proprietários do Stand Up Bus! (www.standupbus.com).

Nós nos encontramos, e foi legal rever um velho amigo. Ele explicou que não foi ao bar porque ficou preso no trânsito na hora do rush no Orange County e estava com medo de acabar surtando se não saísse logo do engarrafamento.

– Está falando sério? – perguntei.

– Sim, a coisa ia ser feia. Eu estou fazendo terapia por isso – ele contou.

Então perguntei se gostaria de conversar sobre isso comigo. Ele se mostrou receptivo.

Pedi para me falar quando foi a última vez que havia surtado no trânsito. Então ele me contou sobre o dia em que estava trafegando pela rodovia Interstate 35, em Austin: – Do nada, veio um cara e me deu uma fechada!

Eu sei o que as pessoas querem dizer quando dizem que levaram "uma fechada", mas só para me certificar pedi para ele me descrever exatamente o que aconteceu. Ele disse:

– Certo, então eu estava na pista do meio, seguindo meu caminho numa boa, e de repente um carro apareceu do nada pela minha direita e entrou bem na minha frente.

– Ah, então ele te deu uma fechada! – falei.

– É, o cara me deu a maior fechada! – ele respondeu, sem perceber o meu sarcasmo.

– Me deixa perguntar uma coisa – eu continuei. – Quando você levou essa fechada, rolou algum tipo de acidente? Você precisou desviar e acabou batendo em outro carro?

– Ah, não, nada disso – ele disse.

– Você perdeu sua saída da rodovia por causa dessa fechada? – continuei. – De repente você se atrasou ou precisou rodar mais um tempão até conseguir pegar um retorno?

– Não, não aconteceu nada disso. Foi só uma fechada mesmo – ele falou.

– Eu só quero entender o que aconteceu – eu continuei. – Porque ao que parece um carro trocou de pista na sua frente e *não aconteceu nada*. Você pode ter ficado incomodado na hora, mas não aconteceu nada.

— Não, cara, ele me deu uma fechada – meu amigo insistiu.

A questão aqui é que eu entendi o que ele estava querendo dizer e como se sentiu naquela situação. O que eu estava tentando fazer era ajudá-lo a encarar a coisa de outra forma. Lembre-se de que nossos pensamentos influenciam a maneira como nos sentimos, e quando pensamos em termos de "aquele cara me deu uma fechada", isso ganha ares de um ato agressivo. Faz parecer que foi intencional. Um ato ameaçador, que desencadeia uma reação. Mas, se pensarmos "aquele carro trocou de pista na minha frente e não aconteceu nada", uma reação de raiva se torna muito menos provável, apesar de o incidente ter sido exatamente o mesmo. Eu expliquei isso, e ele pareceu entender.

Então eu perguntei:

— Quando esse cara te deu uma fechada, o que você fez?

— Eu fiquei muito irritado – ele respondeu. Bom, isso era óbvio. Ele já havia falado que surtou no trânsito nesse dia. Mas, se sua reação tivesse sido apenas emocional, ele nem sequer tocaria no assunto comigo.

— O que mais? – eu quis saber.

— Eu colei na traseira dele, tipo bem perto – ele acrescentou.

— Perto quanto?

— Menos de um metro.

— Mais alguma coisa?

— Eu fiquei buzinando, tipo um montão de vezes – ele contou. – Meti a mão na buzina mesmo.

— Mais alguma coisa?

— Eu fiz alguns gestos e tal – ele falou.

— Tipo mostrou o dedo? O do meio?

— Ha, ha. Pois é.

— Certo, quando você mostrou o dedo, foi pelo para-brisa ou você abriu a janela e pôs a mão para fora? – Não que isso fizesse a menor diferença, mas acho que, se você se dá ao trabalho de abaixar a janela para deixar o dedo bem visível, é porque está a fim de briga.

Se sentindo no controle, mesmo quando não estiver

— Bom, eu estava num conversível com a capota abaixada, então só levantei o braço – ele contou. Aquele texano era bem californiano, inclusive.

— Então você colou na traseira dele, buzinou e mostrou o dedo. E o que mais?

— Eu segui o cara.

— Você seguiu o cara? Tipo, até onde? – Fiquei muito confuso ao ouvir isso.

— Por quase dez quilômetros – ele contou.

Eu parei de falar um momento para refletir sobre a cena que meu amigo tinha acabado de descrever. Todos nós sabemos que é perigoso dirigir perto demais da traseira do carro da frente, em especial se você soltar o volante para buzinar e mostrar o dedo do meio. Resumi essa situação para ele e falei:

— Escuta só, você arriscou sua *própria vida*, por quase *dez quilômetros*, por causa de uma situação em que *não aconteceu nada*.

— Bom, olhando a coisa por esse lado, parece burrice mesmo – ele falou e caiu na risada.

Mas *é* burrice, e a questão é justamente essa. Não foi uma decisão racional tomada pelo córtex pré-frontal depois de analisar os prós e os contras de cada atitude a tomar. Foi uma reação completamente irracional, motivada pelo estresse e pela raiva, com o intuito de promover uma retaliação. Uma retaliação por nada.

O comportamento do meu amigo, apesar de bastante perigoso, foi até contido em comparação com algumas histórias que já ouvi. Pelo menos ele seguiu o carro por dez quilômetros em vez de, digamos, ir até a casa do cara. Conheço gente que leva um "kit surto" dentro do carro. Esse kit consiste basicamente em uma sacola cheia de pedras, tijolos e outros tipos de objeto para arremessar nos outros motoristas. Um colega psicólogo me contou que um paciente seu costumava ultrapassar os motoristas que o irritavam e jogava pregos na frente do carro deles. Eu me pergunto se essas pessoas jogariam tijolos ou pregos se alguém cortasse seu caminho andando na calçada – claro que não. Também já ouvi muito mais histórias do que gostaria de pessoas sacando ou disparando armas de fogo no meio do trânsito. E, como relatei no meu livro anterior, meu próprio pai foi agredido em um incidente desse tipo.[46] Tudo isso se encaixa na categoria de reação exagerada, e a maior parte provavelmente teve origem em situações em que não aconteceu nada.

Pessoalmente, eu duvido que o "não acontecer nada" seja um fator de estresse. Tente se lembrar de todas as vezes que sentiu estresse ou raiva ou incômodo e no fim não havia razão nenhuma para isso. Tantos mal-entendidos, reações exageradas e preocupação por nada. O nada é nosso fator de estresse mais comum – não é nem o trânsito nem os ursos. É literalmente o nada.

Vou dar um exemplo mais sucinto. Desta vez, a pessoa envolvida sou eu. Não lembro exatamente onde eu estava e quando aconteceu, mas nunca vou me esquecer da interação (principalmente se continuar contando sempre essa história). Eu estava no mercado fazendo compras. Enquanto empurrava meu carrinho pelos corredores e olhava as prateleiras, entrei no corredor dos produtos de café da manhã. Havia uma mulher no caminho, também com seu carrinho de compras, lendo o rótulo de uma caixa de cereais. Estava bem no meio do corredor, o que me forçaria a desviar, e não deve ter visto a minha aproximação. Mas com certeza me viu quando passei e, com um tom indignado, falou em alto e bom som:

– Ora, mas veja só!

Perguntei qual era o problema, e ela continuou:

– Você quase me atropelou com o seu carrinho!

Não era verdade, mas isso não importa. Eu respondi com um sorriso:

– Então o que você está me dizendo é que... não aconteceu nada?

Fiquei pensando comigo mesmo: *Eu atropelei você? Não. Você foi atropelada? Não. O que você quer que eu faça, que peça desculpas por não ter te atropelado? Da próxima vez vou me esforçar mais.* Literalmente nada aconteceu, menos ainda do que na história do meu amigo no trânsito, e ela preferiu se estressar mesmo assim.

---

[46] Pelo que sei, meu pai estava dirigindo e mostrou o dedo do meio para outro motorista. Pelo jeito, o cara não gostou, porque no semáforo seguinte desceu do carro e agrediu meu pai.

Não sei nada sobre essa mulher – nossa interação foi brevíssima, e eu continuei fazendo minhas compras. Todos nós temos maus momentos, mas imagine como é ter uma propensão tão alta ao estresse a ponto de querer brigar por uma quase colisão com um carrinho de supermercado. Imagine todos os outros acontecimentos na vida que podem se tornar motivo de estresse para alguém assim. Isso tem um tremendo impacto cumulativo na qualidade de vida da pessoa. Na vida em sociedade, nós sempre teremos situações envolvendo outras pessoas.

Quando ficamos com raiva por causa de alguma coisa, como um incidente de trânsito, é importante reavaliar nossos pensamentos com base no desfecho da situação. Precisamos aprender a reagir àquilo que *de fato* aconteceu, e não ao que poderia ter acontecido ou ao que pensamos que fosse acontecer. Quando o assunto é nossa saúde e nossa segurança, não existe nenhum benefício em nos deixar abalar por coisas que não aconteceram.

E PARA QUEM ESTÁ SÓ FOLHEANDO:
- Em muitos casos, ficamos furiosos por causa de incidentes em que nada sério aconteceu conosco (por exemplo, uma fechada no trânsito, mas que não terminou em acidente).
- Aprenda a reagir ao que aconteceu, e não ao que quase aconteceu ou poderia ter acontecido.

Nem todo mundo precisa ser capaz de saltar de aviões, mas o mínimo que precisamos é saber como lidar com o trânsito. E como nos portar ao fazer compras em um mercado.

Aprendendo do jeito mais difícil
(Através de uma desagradável série de arrombamentos)

Como mencionei antes, sou uma pessoa até que bastante resiliente. Acho que não conseguiria pular de aviões nem trocar tiros com criminosos para ganhar a vida, mas tenho a tendência de me manter calmo na maioria das situações. Além disso, eu jamais seria capaz de fazer o que faço da vida se não soubesse lidar bem com o estresse. O calendário das minhas turnês de palestras às vezes pode ser bem extenuante, cada dia em uma cidade diante de uma plateia diferente, e eu não tenho nenhuma segurança em termos de contar com um emprego com renda fixa. Nunca sei quando vou ter trabalho de novo, nem quanto vou receber. Sobre minha carreira no *stand-up*, não sou nenhum Kevin Hart. É difícil imaginar que conseguirei mandar Alyssa para a faculdade com o que ganho como comediante. A maioria das pessoas não suportaria uma vida como a nossa, e provavelmente é por isso que a maior parte não vive assim. Só que, por mais que eu viva falando a respeito disso agora, só percebi de verdade que eu lidava com o estresse de forma diferente dos outros quando fui fazer minha pós-graduação em psicologia. Mas, antes de entrar nesse assunto, é preciso explicar melhor o contexto.

Eu tirei meu diploma da faculdade na Universidade do Texas, em Austin, e logo depois de me formar enfiei quase tudo o que tinha dentro de um carro. Até arranquei o banco traseiro para poder levar mais coisas. O restante dos meus pertences foi vendido, doado ou descartado. Minha ideia era um novo começo em Nova Orleans, e além disso eu não tinha muita coisa de valor depois de passar quatro anos como um universitário pobretão. Mas primeiro eu precisava dirigir até o norte do estado de Nova York para trabalhar como monitor em um acampamento de verão pela última vez. Com meu irmão no banco do pas-

Aprendendo do jeito mais difícil

sageiro, a área do banco traseiro foi ocupada pelo computador que comprei na loja do *campus*, por roupas, alguns móveis menorzinhos, caixas de livros, fitas e CDs (na época em que essas coisas ainda eram itens pessoais valorizados). Até hoje fico impressionado com o tanto de coisas que conseguimos enfiar naquele carro. Encaramos a viagem de quase 3 mil quilômetros em um fôlego só, nos revezando no volante e fazendo o mínimo de paradas possível. Olhando para trás, fico surpreso pelo carro ter aguentado a viagem, porque logo depois que chegamos ao acampamento o motor pegou fogo. Isso me fez chegar a Nova Orleans para a pós-graduação sem carro e com pouquíssimos pertences pessoais. A maioria das pessoas costuma concluir a pós-graduação nesse estado de penúria, e não começar.

A pós-graduação em si é insanamente estressante, e até hoje eu não recomendo isso para ninguém.[47] Na prática, é uma tortura que nós pagamos para sofrer. Na minha turma no início do programa, éramos treze estudantes, e acho que ninguém ali sabia o que viria pela frente. Lembro que o coordenador do departamento nos deu um aviso sobre o que enfrentaríamos ali. Ele falou que seria uma experiência difícil e estressante, porém o que mais me marcou em seu discurso foi o comentário de que daquele momento em diante não éramos mais consumidores, e sim produtores de conhecimento. Compreensivelmente, o nível de detalhamento que esperavam de nós seria mais alto que na faculdade. Se sobrevivêssemos ao primeiro ano, teríamos que fazer uma prova oral de alcance bastante amplo sobre o campo da psicologia administrado pelo comitê de teses. Para mim, foi recomendado que estudasse todos os periódicos científicos do ramo publicados nos cinco anos anteriores. Pois é, uma coisa quase nada estressante. Além disso, em um determinado momento, nosso futuro dependia de sermos ou não capazes de treinar um rato para fazer um determinado truque na

---

47 Na verdade, estou me referindo apenas aos programas acadêmicos. Com certeza os diplomas de aplicação mais prática, como um MBA ou uma especialização em terapia ocupacional, apesar de estressantes, podem ser muito úteis. Além disso, eu estou só brincando.

frente de um professor. Treinar um rato em uma caixa de Skinner[48] da década de 1930 já é bem difícil, mas e se o bicho não estiver a fim de fazer nada no dia da avaliação? É melhor você ter um plano B! Como dizem por aí, um bom vendedor nunca passa necessidade.

Eu levava tudo numa boa, mas via meus colegas cada vez mais estressados e preocupados quando nos reuníamos todos os dias em uma sala que chamávamos de "curral", onde alguns de nós mantínhamos espaços de trabalho. Para mim, isso não foi surpresa, porque eu estava acostumado a ser o cabeça fria da turma. Mas o que me fez entender realmente que tinha uma tolerância ao estresse maior que a das outras pessoas foi uma coisa que aconteceu fora do ambiente acadêmico.

Ao contrário da situação que vivi em Austin, onde a universidade fica no centro da cidade e é bastante integrada à cultura local, a Universidade de Nova Orleans está localizada em um ponto afastado da cidade. Se você pegar um mapa de Nova Orleans, vai ver que a maior parte da cidade está concentrada entre o rio Mississippi ao sul e o lago Pontchartrain ao norte. Quase todas as coisas legais de lá – o French Quarter, o Faubourg Marigny, a região central e o Lower Garden District – ficam para os lados do rio. Minha universidade ficava bem à beira do lago. A região em torno do *campus* era em sua maior parte residencial, com as casas de família dominando a paisagem, e as vagas nos alojamentos estudantis eram bem limitadas. Nenhum dos meus colegas ou dos estudantes de graduação que eu conhecia morava perto do *campus* – todo mundo ia até lá de carro. Os alunos da minha turma estavam todos espalhados pela área metropolitana de Nova Orleans. Alguns moravam na região central, outros optavam por um lugar fora da cidade. Eu decidi viver no French Quarter, porque foi o lugar que me atraiu a Nova Orleans para começo de conversa. Não

---

48 Tecnicamente, o nome do dispositivo é *câmara de condicionamento operante*. Talvez você conheça o conceito: dentro da câmara existe uma alavanca que o rato pode acionar e, quando faz isso, recebe um petisco. Depois que ele aprende a acionar a alavanca para receber o petisco, você "vincula" um outro comportamento que o bichinho precisa executar antes de poder acionar a alavanca, e assim ele aprende o truque. As caixas de Skinner que usávamos não tinham nenhum mecanismo automatizado, então precisávamos ficar ali do lado com um petisco na mão, esperando em silêncio até o momento em que o rato acionava aleatoriamente a alavanca. Essa tarefa por si só provocou inúmeros pesadelos em vários estudantes de pós-graduação.

me mudei para lá para estudar – me matriculei na universidade para poder me mudar para lá. Felizmente, havia uma linha de ônibus que ia do French Quarter até o *campus* da Universidade de Nova Orleans, na Elysian Fields Avenue, mas depender do transporte público era bem limitador, principalmente quando se quer socializar com os demais estudantes, então acabei comprando um carro.

Se você não conhece Nova Orleans, saiba que é um lugar divertidíssimo. É uma das poucas cidades dos Estados Unidos com lojas de bebidas abertas 24 horas e uma população que sabe como se divertir. É a terra da cozinha Cajun, do vodu e da maior celebração do Mardi Gras ao norte do Panamá. Também tem características arquitetônicas belíssimas, como as varandas de ferro fundido do French Quarter, as casas antigas típicas da região espalhadas pela cidade e as mansões em estilo Antebellum das áreas mais elegantes. E tudo isso cercado por pântanos infestados de jacarés em um clima subtropical. Eu amava Nova Orleans, e até hoje é um dos meus lugares favoritos no mundo. Mas também é uma cidade que já vinha em declínio econômico desde muito antes de quase ser destruída pelo furacão Katrina, em 2005. Havia muitos bolsões de pobreza, e o nível de criminalidade era bem alto. Quando me mudei para o French Quarter, as pessoas me perguntaram se eu não estava preocupado com a violência.[49] Claro que não. Todo lugar tem seus problemas, e, além disso, eu me apaixonei pelo bairro logo na minha primeira visita à cidade e decidi que, não importava o que fizesse na vida, precisava passar pelo menos um tempo morando lá. Apesar da criminalidade em alta, na época eu não teria sido feliz morando em nenhum outro lugar.

A primeira vez que fui vítima de um crime foi duas semanas depois de ter comprado o carro. Saí do meu apartamento um dia de manhã e vi que o meu carro tinha sido arrombado. A janela do lado do passageiro foi quebrada, e havia vidro espalhado por toda parte. Os CDs e as fitas que consegui levar de Austin para Nova York e depois de volta para o sul do estado não estavam mais

---

49 Assim como, quando me mudei para São Francisco, me perguntaram se eu não estava preocupado com os terremotos. Claro que não. É engraçado que, apesar de eu não ser uma pessoa preocupada, o que não falta na minha vida é gente para se preocupar por mim.

lá, assim como o som do carro e os eventuais trocados que eu tinha deixado no console central. Eu tirei os cacos de vidro de dentro do carro, sentei atrás do volante e fui para a aula. Lá no curral contei para os meus amigos o que aconteceu, e todos pareciam mais incomodados e preocupados com a situação do que eu. Para mim, a pior parte era o que ia gastar para pôr uma janela nova, porque meu orçamento de pós-graduando pobretão não dava conta de absorver esse tipo de imprevisto. Pelo jeito eu ia precisar pular algumas refeições.

O segundo crime aconteceu uma semana depois. As circunstâncias foram quase idênticas. Saí do meu apartamento, caminhei um quarteirão pela Barracks Street e vi uma pilha de cacos de vidro ao lado do meu carro, que mais uma vez estava sem a janela do passageiro. Fiquei surpreso porque, depois do primeiro arrombamento, passei a não deixar mais absolutamente nada dentro do carro. Não havia fitas nem CDs, e o espaço vazio no lugar onde ficava o som roubado era visível. Não havia nenhum benefício em arrombar o meu carro daquela vez. Acho que quem fez isso estava só praticando o ofício. É preciso aprimorar as habilidades sempre, mesmo no ramo de estourar janelas e roubar aparelhos de som automotivos. Mais uma vez, fui para a universidade e contei para os meus amigos o que aconteceu. Eles não conseguiam acreditar que meu carro tinha sido arrombado duas vezes em questão de uma semana. Um deles comentou: "É por isso que eu não ponho nem os pés no French Quarter!". Outro falou: "Não entendo como você consegue morar lá!". De novo, eles pareciam mais incomodados com o problema do que eu. Minha maior preocupação era com a janela nova que eu não sabia como arrumaria dinheiro para pagar.

Depois de trocar a janela duas vezes em um mês, resolvi dar uma de esperto e começar a deixar o carro destrancado. Achei que, se algum ladrãozinho passasse pelo meu carro e resolvesse verificar que tipo de tesouros estavam escondidos lá dentro, poderia simplesmente abrir a porta e entrar, me poupando da necessidade de comprar outro vidro. Depois de algumas semanas sem que nada de extraordinário acontecesse, senti que tinha arrumado um jeito de resolver aquela situação.

Mas então encontrei um cara dormindo dentro do meu carro. Como em todas as manhãs, fui pegar o carro para ir à universidade, mas nesse dia tinha uma pessoa dormindo no banco traseiro. Os vidros estavam fechados; a cabeça dele estava apoiada em uma das janelas e os pés, na outra. *Pelo menos os vidros estão intactos*, pensei. Bati na janela para acordá-lo. "Oi", ele falou. "Esse carro é meu, e eu preciso sair agora", expliquei. Ele se desculpou, juntou suas coisas e saiu na mesma hora. Não perguntei nada, mas ele me explicou que tinha ido para a balada na Bourbon Street, bebeu um pouco demais e precisava de um lugar seguro para dormir. Sem prejuízos, então sem problemas. Mais uma vez, fui para a universidade e contei para os meus amigos. "Não acredito!", um deles falou. "Como você pode estar tão calmo?", perguntou outro. "Eu teria surtado se fosse comigo", outro comentou. Para mim, não era nada de mais. Nada foi quebrado, não havia janelas para trocar e nenhum roubo foi cometido. Na verdade, o cara ter passado a noite no meu carro pode ter impedido outras pessoas de cometer mais um arrombamento.

Ou talvez não. Na primeira vez que fui a Nova Orleans, foi no fim de semana anterior ao Mardi Gras durante meu último ano de faculdade em Austin. Era uma viagem de oito horas de carro entre as duas cidades; saí depois da aula na sexta-feira, fiquei na farra no sábado inteiro e voltei no domingo. Não tinha dinheiro para ficar em um hotel, então meu plano era alugar uma vaga de garagem e ir para o carro quando ficasse cansado, e foi o que fiz depois das festividades do sábado. Na manhã de domingo, fui acordado por um policial batendo com a lanterna contra a minha janela. Imaginei que estivesse em apuros. "Você dormiu aqui a noite toda?", ele perguntou. "Sim, por umas três ou quatro horas." "E viu ou escutou alguma coisa estranha?" A essa altura, eu entendi o motivo do interrogatório. Em algum momento durante a noite, o carro ao lado do meu tinha sido arrombado e roubado enquanto eu dormia. Essa lembrança ainda me faz rir até hoje.

Acordar e encontrar um estranho dormindo no seu carro pode ser uma daquelas coisas que só acontecem uma vez na vida da pessoa. Mas não comigo. Mais ou menos um mês depois, aconteceu de novo. Outra vez, saí do meu apartamento pronto e ansioso para encarar meu estressante programa de pós-graduação e treinar algum rato ou coisa do tipo. E, outra vez, me deparei com a imagem familiar de um cara usando meu carro para pôr o sono em dia. Dessa vez ele estava na frente, no assento do passageiro. Bati na janela. Não houve resposta. Bati um pouco mais forte. Não houve resposta. Que ótimo, a última coisa que eu precisava era de um cara morto no meu carro. Abri a porta e verifiquei sua respiração. Ele estava vivo, mas desmaiado de sono. Tanto que não reagiu de jeito nenhum, nem quando o sacudi e dei uns tapinhas em seu rosto.

Eu não podia deixar o sujeito na calçada, então nessa manhã fui para a universidade com um desconhecido desmaiado no banco do carona. Ele dormiu o caminho todo. Cheguei ao *campus*, encontrei uma vaga para estacionar e fui para a aula. Contei aos meus amigos o que aconteceu, e eles ficaram incrédulos. No fim do dia, quando voltei ao estacionamento, ele não estava mais lá. Eu queria estar por perto quando ele acordasse, todo desorientado e em um lugar desconhecido do outro lado da cidade. Se fosse um turista, espero que tenha conseguido voltar para casa em segurança.

A questão aqui é que todos esses incidentes afetaram mais os meus amigos do que a mim, a julgar pelas reações deles de preocupação e tensão, e até pelos comentários de que aquilo os fez sentir mais medo do que já tinham. Além do inconveniente de ter que gastar dinheiro para trocar as janelas, eu simplesmente dei risada da situação. Inclusive acho graça até hoje quando me lembro disso. Foi engraçado. Por coincidência, na época em que isso vinha acontecendo, estávamos estudando o estresse em mais detalhes, e, quando comparei minhas reações com as dos meus colegas de turma, comecei a perceber que eu tinha uma tolerância incomumente alta ao estresse. Já tinha me estressado bastante na vida, talvez só não tanto quanto a média das pessoas. Como meu irmão diria mais tarde, eu "aprendi a lidar com o estresse" desde cedo e estava começando a entender isso.

Não sei como foi que desenvolvi minha resiliência. Se soubesse, claro que escreveria um livro a respeito, mas tenho algumas hipóteses. Provavelmente tem a ver com a maneira como fui criado, mas infelizmente não mantive um registro muito preciso sobre isso. Eu não era psicólogo na época, era só... uma criança.

4

Entrevista com uma pessoa com nervos de aço

Eu fui criado em uma família de militares. Devo tudo o que tenho hoje à Força Aérea dos Estados Unidos; se não fosse essa instituição, eu jamais teria as oportunidades que tive na vida. Morei em outros países e em vários lugares nos Estados Unidos. Quando criança, contava com um excelente serviço de atendimento médico e odontológico, um lugar seguro para conviver com um monte de amigos e em termos gerais uma ótima qualidade de vida. Graças às forças armadas, estava preparado e motivado quando fui para a faculdade e continuei estudando até concluir o doutorado. Meu pai, enquanto isso, conseguia sustentar uma família de quatro pessoas e adquirir conhecimentos valiosos para o mercado de trabalho, além de receber uma boa educação. Convivi com militares a maior parte da vida e tenho o maior respeito pelos homens e mulheres que servem nas forças armadas. Como americano, me sinto grato pela decisão deles de dedicar boa parte da vida à nossa defesa, dentro e fora do país. Graças a todas essas pessoas – em especial meu pai, meus tios e o pai deles em um tempo mais distante –, posso ganhar a vida contando piadas e escrevendo livros. Isso é uma coisa que nunca vou deixar de valorizar.

A não ser que Alyssa decida se alistar, o envolvimento da minha família com as forças armadas se encerrou com a minha geração. Na juventude, meu irmão e eu éramos um pouco rebeldes demais para o serviço militar. A preguiça também provavelmente foi um fator que influenciou nossa decisão, mas, no fim das contas, minha certeza sobre *a possibilidade de levar bala* como um risco inerente à função foi o que me manteve longe das forças armadas. Minha cabeça fria tem seus limites.

Muitas vezes eu cito os militares como exemplos de pessoas com alto nível de tolerância ao estresse, já que imagino que eles precisam ser extremamente resilientes para conseguir cumprir sua função. Sempre que faço isso, a imagem que me vem à cabeça é uma mistura de Rambo, Nick Fury e Chuck Norris. O tipo de cara que topa qualquer desafio – seja pular de um avião para pegar um inimigo de surpresa em águas infestadas de tubarões armados com lasers na cabeça, ou derrubar na porrada um bando de ninjas a caminho de um casamento e ainda conseguir chegar todo na estica.

Ciente de que posso ter lido gibis demais quando garoto, achei que seria útil conversar com uma pessoa real que tivesse nervos de aço. O sargento reformado Carlos "Cuban" Balestena, que serviu no 2º Batalhão do 319º Regimento de Artilharia de Campo e na 82ª Divisão Aerotransportada, é uma dessas pessoas.

Cuban foi um colega de ensino médio do sul da Flórida que dedicou dezessete anos, dois meses e onze dias de sua vida ao país, e seu último posto foi o Forte Bragg, na Carolina do Norte. Hoje reformado e com uma filha só um pouquinho mais velha que Alyssa, ele topou reservar um tempinho para conversar comigo.

BK: Você pode descrever com um pouco mais de detalhes sua carreira nas forças armadas?

Cuban: Claro. Meu nome é Carlos Balestena, mas sou conhecido como "Cuban" por todos os meus amigos do Exército. Me alistei no Exército em julho de 2001. Os atentados de 11 de setembro de 2001 aconteceram três dias antes de eu terminar meu treinamento básico, então fui pego totalmente de surpresa por isso. Depois do treinamento básico fui continuar meu treinamento, meu AIT,[50] como mecânico de veículos automotores. Só depois do curso de mecânico de veículos automotores, que aconteceu entre janeiro e fevereiro de 2002, eu fui para a Escola de Paraquedismo. Após as três semanas de Escola de Paraquedismo, fui imediatamente alocado no Forte Bragg, na Carolina do Norte, que abriga a Divisão Aerotransportada e as Forças de Operações Especiais.

BK: Como membro da Divisão Aerotransportada, quantos saltos você fez ao longo da carreira?

Cuban: Bom, o que foi para os registros foram 108 saltos, o que na verdade é muito... é um feito e tanto. Poucos membros da Divisão Aerotransportada, mesmo aqueles que se aposentam no Exército como paraquedistas, chegam a esse número. Quando você é um mestre de salto – e eu também era mestre de salto desde 2008 –, passa a ser considerado um "mestre de salto centurião". Isso não rende um soldo maior, nem prêmio nem nada, mas seu nome vai para uma placa, e isso significa muita coisa. Significa que, como paraquedista da Divisão Aerotransportada e como mestre de salto, você conseguiu fazer no mínimo cem saltos.

BK: Então você foi mestre de salto por dez anos. Isso significa que era o responsável por treinar outros paraquedistas?

Cuban: Bom, um mestre de salto é o cara da segurança que é treinado – e é um treinamento bem rigoroso, com muita atenção aos detalhes – para inspecionar os paraquedas de todos os saltadores e os equipamentos que estão usando, para saber identificar com segurança a zona de aterrissagem à qual devemos nos dirigir e para, depois, garantir a saída em segurança de todos os paraquedistas da aeronave. Nós somos os primeiros que eles veem quando embarcam e os últimos que veem antes de sair da aeronave.

BK: Então é uma responsabilidade a mais...

Cuban: Com certeza. Na verdade, um número ainda menor de paraquedistas sequer tenta se tornar mestre de salto.

---

50 Treinamento Individual Avançado (Advanced Individual Training, daí a sigla AIT).

BK: Alguns desses 108 saltos foram em situação de combate?

Cuban: Nenhum deles foi em combate. Eu me considero muito abençoado por não ter sido em combate, mas todas as operações da Divisão Aerotransportada de que participei, a não ser nas folgas, com saltadores de fora, todas foram operações de treinamento de combate. Eles nos treinavam para nos deixar prontos para o combate.

BK: Quando você se alistou, já tinha a intenção de ir para a Divisão Aerotransportada, certo?

Cuban: Ah, sim. Sim, isso mesmo. Meu melhor amigo de infância..., o pai dele era das Forças Especiais e era um paraquedista da Divisão Aerotransportada no Forte Bragg, do 7º Grupo das Forças Especiais. Ele mostrava para nós uns vídeos antigos, em VHS, com ele e seus colegas das Forças Especiais pulando de um avião sobre o Forte Bragg ou na água. Ele fez inclusive um salto em situação de combate, acho que no Panamá, e achei aquilo o máximo. Eu sabia que queria ir para o Exército, mas sabia que, se conseguisse entrar, fosse como fosse, ia virar paraquedista. Coloquei isso no meu contrato quando me alistei no Exército.

BK: Esse foi seu único pedido? A garantia de que seria treinado para a Divisão Aerotransportada?

Cuban: Com certeza, e com isso vinha um bônus de alistamento de três mil dólares, então foi ótimo.

BK: É interessante você ter entrado no Exército com a condição de pular de aviões. Antes de virar militar, você já curtia esportes radicais e esse tipo de atividade para viciados em adrenalina?

Cuban: Na verdade, não. Eu fui escoteiro, então gostava de acampar e tal. Mas sobre esse lance de esportes radicais, quando me alistei, nunca tinha ido nem naqueles brinquedos de parques de diversões. Pelo menos nada muito extremo. Realmente não posso dizer que era um viciado em adrenalina.

BK: Então nada de *base jumping*, *bungee jumping* nem nada do tipo?

Cuban: Não, nenhuma dessas coisas. A Flórida tem um relevo bem plano, então não tem nem onde fazer esse tipo de coisa.

BK: Então, além daqueles vídeos, o que atraiu você a virar um membro da Divisão Aerotransportada?

Cuban: Bom, tinha a questão de virar membro das Forças Especiais, que é a elite da elite, mas... o lance é a emoção. Quer dizer, você não fica muito tempo no ar. Está caindo seis metros por segundo debaixo de um paraquedas feioso e redondo que não tem como controlar, e muita gente se machuca, mas o grande lance é a ideia de poder pular de um avião. Você é pago para pular de um avião, sendo que as pessoas costumam desembolsar uma boa grana para poder fazer uma queda livre assim. E fazer parte da Divisão Aerotransportada, usar aquela boina grená e os coturnos pretos com a farda, sendo que todo mundo usa o que se chama de "coturno três-quartos" – que é basicamente uma botinha de couro sintético –, isso é o topo da elite, nas Forças Especiais, que você pode alcançar no Exército dos Estados Unidos.

BK: Então você entrou nessa por causa da roupa bacana! Só pelo potencial para ter glória e *status*?

Cuban: Não totalmente, mas sim, isso pesou na ideia de estar determinado a virar um paraquedista.

BK: Certo, agora eu queria falar um pouco sobre o que se passa na cabeça de alguém ao pular de um avião, e especialmente sobre como foi seu primeiro salto. Você estava ansioso, apreensivo, estressado? Me dá uma ideia do que se passava na sua cabeça na primeira vez que pulou de um avião.

Cuban: Bom, para começo de conversa, tem as três semanas de treinamento na Escola de Paraquedistas. Primeiro você faz um treino físico rigoroso. O teste físico é muito, muito pesado. Você precisa ir correndo para todo lugar; para o refeitório, o alojamento, os locais de treino. Nessas três semanas tem a semana de chão, a semana de torre e, no fim, a semana do salto em si. As duas primeiras semanas preparam para a última semana, quando você salta cinco vezes de um avião e é considerado um paraquedista qualificado, o que nós chamamos de "novato com cinco saltos".

Durante a semana de chão, você aprende a se soltar para não ser arrastado pelo paraquedas, fica pendurado para aprender como controlar o paraquedas e o equipamento, o que nós chamamos de "agonia suspensa", e pula de plataformas de sessenta centímetros para aprender a posicionar o corpo quando cai no chão. Perto do fim dessa semana, como preparativo para a seguinte, você pula de uma plataforma de sete metros, preso só por uma corda, que é segura pelo instrutor lá do chão. Você praticamente cai seis metros e meio em queda livre só para ver como é a sensação, e chega ao chão a uns cinco ou seis metros por segundo. Depois vem a semana da torre, que se resume a fazer isso mais vezes, pulando de uma torre de 75 metros que foi originalmente construída para a Feira Mundial de Nova York de 1939-1940 e depois usada em um parque de diversões. O Forte Benning ficou com quase todas essas torres originais que ainda existem. Pode não parecer grande coisa, mas é bem assustador.

Tudo isso para nos preparar para a manhã do primeiro salto. Nós acordamos no meio da madrugada. Nem lembro que horas eram, mas o sol só vai nascer dali a um bom tempo, e você já está lá fardado. Você precisa levar sua bagagem, que é seu equipamento de combate e seu capacete. Isso significa um peso extra de no mínimo quinze quilos, e você precisa correr do alojamento até o galpão de equipamentos, e depois até a pista.

Nessa hora você precisa amarrar o paraquedas, e tem que ser tudo na pressa. Os chapéus pretos (nós chamamos os instrutores assim porque eles usam uns bonés pretos) ficam gritando: "Vamos lá. Coloquem logo essas coisas". Se você demora demais, eles berram na sua orelha mesmo. Eles tentam manter o nível de estresse sob controle, mas dá para perceber que estão botando pilha, criando expectativa. Você fica horas esperando o avião e, mesmo depois que o avião chega, ainda fica esperando sua vez. E sua cabeça fica pensando: *Ah, será que esqueci de alguma coisa?* Ou: *Preciso manter os olhos abertos, o queixo no peito, os pés e os joelhos juntos, os joelhos bem alinhados com as costas, o corpo um pouco inclinado para a frente acima do cinto, porque assim o paraquedas...* Eu posso citar todas as instruções aqui, porque isso fica passando na sua cabeça: *Certo, eu não vou querer esquecer isso. Não vou querer esquecer isso.*

Finalmente você é levado para o avião: um avião pequeno, escuro e apertado. Está quente lá dentro. Você começa a ficar muito, muito nervoso. Depois de uns vinte ou trinta minutos, de repente as portas são abertas. Umas portinhas estreitas dos dois lados do avião. O vento entra, um vento bem frio, e o nervosismo aumenta um pouco, mas é um nervosismo bem estranho, inexplicável, quase uma calmaria. A melhor maneira que consigo explicar isso é: eu me desliguei na hora. Eu sabia o que estava fazendo, então não é como se tivesse me desligado de verdade, mas como se minha mente tivesse entrado no modo de treinamento, e eu pensei: *Certo, vou fazer exatamente o que os caras me disseram para fazer.*

BK: Pelo jeito, você estava tão bem treinado que depositou toda a sua confiança no treinamento, é isso?

Cuban: Exatamente. Eu não saberia como explicar melhor. Você deposita toda a sua confiança não só no treinamento, mas também no instrutor, no mestre de salto, e fica pensando: *Certo, ele vai tirar a corda estática da minha mão.* Os paraquedas já estão conectados através de um cabo ao avião, então ele abre o paraquedas para nós. Ninguém abre o paraquedas, como nos saltos de queda livre que os civis fazem. Mas você precisa confiar que, em primeiro lugar, o cara na sua frente vai fazer tudo certo, que não vai tropeçar nem bater com o equipamento na sua cara nem nada do tipo. Depois precisa confiar que o mestre de salto parado na porta vai tirar a corda estática da sua mão no momento certo, para você poder se concentrar só em dar uma guinada de noventa graus e pular pela porta. "Quinze para cima e noventa para a frente", é o que nós sempre dizemos. Você tenta pular quinze centímetros para cima e noventa para a frente.

BK: Em que momento da sua carreira o nervosismo desapareceu?

Cuban: Nesses primeiros saltos, tudo ainda é muito mecânico. Então o nervosismo ainda está lá, mas mesmo depois de muitos anos, quando cheguei ao salto número 100, depois ao número 108, sempre me perguntavam: "Você ainda fica nervoso quando salta? Ainda sente medo?". Nunca senti medo, mas um nervosismo sempre existe. Quer dizer, um certo nível de nervosismo, e eu sempre dizia aos meus soldados: "O dia em que você deixar de ficar nervoso é porque chegou a hora de deixar de fazer parte dessa comunidade, de parar de pular de aviões". O que mais dizemos no Exército é "fique alerta, fique vivo". Aquele arrepio na nuca, aquele pensamento no fundo da cabeça, é o que garante a parte de "ficar alerta". Enquanto você estiver alerta e executar todos os comandos ao pé da letra, vai ficar tudo bem.

BK: Entendi. Antes de se alistar no Exército, e obviamente antes de fazer parte da Divisão Aerotransportada, como você diria que lidava com o estresse em sua época de civil?

Cuban: Bom, o estresse era... Quer dizer, isso foi na época do ensino médio, do ensino fundamental. Eu lidava com o estresse como todo mundo. Às vezes eu perdia a cabeça. Às vezes chorava. Às vezes ficava com medo e travava completamente. Era só o nervosismo normal do crescimento e os medos normais do crescimento, e eu lidava do mesmo jeito que todo mundo. Não tinha métodos melhores que os de ninguém para isso. Quer dizer, eu sabia diferenciar o que era motivo de preocupação de verdade daquela coisa, tipo: *Até vou me preocupar com isso, mas sei que vai ficar tudo bem.*

BK: Ao que parece, seus mecanismos mentais eram os mesmos que os de todo mundo. Mas e depois de servir na Divisão Aerotransportada e no Exército?

Cuban: Se eu consegui saltar daquilo que alguns chamam de "aeronave em perfeitas condições" (quem fala isso nunca entrou em um avião da Força Aérea) a trezentos metros do chão – com um paraquedas equipado por um garoto de 18 anos com só quatro meses de treinamento no Exército para ser o responsável pelos equipamentos, não um cara com diploma universitário, só outro paraquedista mesmo – e manter os olhos abertos, o queixo no peito e pular... soltar os joelhos no ar..., depois disso sou capaz de lidar com qualquer coisa.

BK: Perfeito. Era essa a frase que eu estava procurando. O que eu digo para as pessoas é que, se você consegue pular de um avião, o trânsito não parece grande coisa.

Cuban: Pois é. Até parece. O trânsito, qual é...

BK: No seu cotidiano de militar reformado, o que incomoda você? Como isso influenciou sua perspectiva de vida? E como influencia sua vida agora?

Cuban: As mesmas coisas que incomodam você, que incomodam todo mundo, são as coisas que me incomodam, mas acho que estou numa condição melhor que a maioria das pessoas para relaxar e pensar: *Quer saber? Podia ser pior. Pelo menos eu estou vivo.* De novo, se eu consigo fazer todos aqueles saltos, largar os joelhos no ar e me deixar cair, sério mesmo, vou me deixar abalar com o que mais? Vou me preocupar com o quê?

BK: Uma última pergunta: nós dois temos meninas pequenas. O que você acha mais estressante: servir no Exército ou criar uma filha?

Cuban: Ha, ha! Sou obrigado a dizer que é a filha! No Exército, eu era responsável por um mínimo de dez e até quarenta "garotos". Eu era responsável pela saúde e pelo bem-estar deles e pelo sucesso da nossa missão. Eu os levei para a guerra e trouxe todos de volta. Mas Lola Rose? Uma simples garotinha virou minha vida do avesso! Agora eu tenho essa garotinha frágil, mas brava, e só penso nela, se está segura, se estou fazendo tudo certo para ela...

BK: Pois é, e acho que eu também tenho nervos de aço, no fim das contas. Valeu, Cuban!

5

As escolhas que fazemos

Por mais que eu diga que sou muito resiliente, também sou obrigado a dizer que não sou nenhum Super-Homem. Também me deixo afetar pelas coisas. Em geral, só fico estressado com os ursos que aparecem na minha vida quando, por exemplo, a cozinha da minha casa do condomínio em Montreal vira um ponto de acesso às profundezas da Terra. Mas existem ocasiões em que acabo deixando as coisas menores e mais idiotas me abalarem também. Como você sabe, meu exemplo favorito de coisa fútil que gera estresse é o trânsito. Para mim, pegar trânsito significa apenas que os carros estão andando mais devagar. Os carros são inclusive mais seguros quando trafegam devagar! E daí se você se envolver em um acidente a menos de vinte por hora em uma rodovia interestadual? Que tipo de estrago isso pode causar? Imagino que não muito, respondendo à minha própria pergunta hipotética. Mesmo assim, programo meu GPS para pegar o mínimo de trânsito possível.

Para ninguém dizer que estou escondendo alguma coisa, vou relatar aqui uma ocasião recente em que fiquei superestressado no trânsito. Não lembro onde foi, mas com certeza não era no Colorado, porque é bem difícil se estressar com alguma coisa por aqui. Eu estava participando de um seminário em algum lugar. Geralmente, marco minhas palestras em centros de convenções de hotéis e, para facilitar as coisas, durmo no mesmo lugar onde vai acontecer o evento.

Desse jeito, o deslocamento se torna bem fácil. Minhas manhãs costumam ser assim: eu me levanto da cama, visto uma roupa e pego o elevador. Bom, dessa vez, quando chegou a hora de providenciar tudo para a viagem, descobrimos que o hotel estaria lotado na noite em que eu precisava ficar lá. Sem problemas, era só arrumar outro lugar ali perto e fazer um deslocamento um pouco maior pela manhã. Mas devia estar rolando um grande evento ali perto (ainda maior que o meu!), porque a agência de viagens só conseguiu um quarto para mim a mais de dez quilômetros do hotel. Mesmo assim, não era nada de mais. Eu não sou nenhuma prima-dona; não ligo de pegar o carro e ir dirigindo até os lugares onde tenho compromissos a cumprir.

O problema foi que, quando cheguei ao hotel, os atendentes me perguntaram se eu estava lá para o "evento". Eu entendi tudo errado, pensei que estivessem se referindo à minha palestra e respondi que sim. Então, na minha cabeça, fiquei achando que meu compromisso da manhã seguinte seria lá mesmo. Fui para a cama todo despreocupado, achando que seria a mesma rotina de sempre. Quando acordei, me arrumei sem nenhuma pressa e peguei o elevador. No saguão, perguntei onde ficava o centro de convenções. O hotel não tinha um. Não era a primeira vez que isso acontecia, então logo me dei conta de que estava no lugar errado. A diferença era que eu tinha ido dormir absolutamente convencido de que estava no local onde daria a palestra e não conferi todas as informações para me certificar disso. Eu estava no saguão do hotel errado, sem a menor ideia de aonde deveria ir.

A agência que cuidava da minha agenda ficava em outro fuso horário, então não havia ninguém por lá para me atender e esclarecer tudo rapidamente. Precisei me sentar diante de um computador e procurar o material publicitário do evento na internet para pegar o endereço. Ficava a mais de dez quilômetros de distância. O GPS informou que o trajeto demoraria uns quinze minutos, e ainda faltava meia hora para a palestra começar. Ia ser meio corrido, mas ainda estava tudo sob controle.

Deixei minha mala no hotel depois de fazer o *check-out*, peguei o carro e pé na tábua. A alguns quarteirões adiante, quando peguei a entrada da rodovia interestadual, me vi no meio de um trânsito lento e pesado. Meu GPS recalculou o tempo de trajeto e informou que o deslocamento levaria mais de 25 minutos. Eu chegaria atrasado, e isso me deixou muito nervoso. Senti meus batimentos se acelerarem, fiquei todo agitado e comecei a transpirar e me remoer de preocupação. Pensei no inconveniente que causaria a mais de duzentas pessoas por chegar atrasado. Temi pela minha reputação e pela maneira como seria recebido. Ironicamente, eu estava a caminho de um seminário sobre controle de estresse, onde pretendia falar sobre o trânsito e sobre preocupações. Então, sim, isso acontece com todo mundo.

Mas, quando percebi que estava começando a sucumbir à minha reação de estresse, comecei a redirecionar a atividade do meu córtex pré-frontal para uma coisa mais produtiva e ocupei meus pensamentos com outras coisas, como sugeri que devemos fazer em situações assim. Interrompi o fluxo de preocupações e lembrei a mim mesmo que a situação estava fora do meu controle. *Não tem nada que eu possa fazer para melhorar o trânsito. Às vezes as pessoas se atrasam. Simplesmente acontece. Não é o fim do mundo.* E assim comecei a me acalmar. No fim, a palestra começou com mais ou menos cinco minutos de atraso. Valeria a pena suprimir meu sistema imunológico e me submeter aos demais efeitos físicos por causa desses cinco minutos? Claro que não. Mesmo que eu estivesse cinco horas atrasado, isso não justificaria a dor e o sofrimento que o estresse causa no corpo. As pessoas se atrasam o tempo todo – e às vezes precisam cancelar seus compromissos. É uma coisa chata e inconveniente, mas de forma nenhuma é um urso.

A academia do outro lado da rua

O problema de escrever um livro é que às vezes a gente pega o ritmo, produz páginas e páginas de material interessante, mas às vezes... Bom, às vezes simplesmente não tem jeito. Apesar de a tarefa de digitar um texto não ser extenuante em termos físicos, a escrita pode ser uma atividade bem frustrante e estressante, em especial quando existe um prazo a cumprir. Então aqui estou eu, escrevendo em um domingo à noite. Durante todo o fim de semana, eu já sabia o que queria escrever, mas não conseguia encontrar as palavras certas.

Para ajudar a espairecer a cabeça, deixei o computador de lado e pedi para Sarah arrumar Alyssa para darmos uma volta. Apesar de ser outono no Colorado, a temperatura anda amena nas últimas semanas, então estamos aproveitando para passear nos parques e no zoológico perto de casa (e ainda nada de ataques de ursos!). A mudança de ambiente cumpriu a função esperada. Assim que saí de casa, as ideias de como iniciar esta seção começaram a fluir. Algumas eram melhores que as outras, claro. Quando o texto estiver nas suas mãos, espero ter feito a escolha certa.

Você não precisava saber de nada disso, mas resolvi contar aqui porque é um bom exemplo de uma coisa que mencionei antes e pode ter sido esquecida: quando não estiver gostando da maneira como está se sentindo, mude seus pensamentos. Esse provavelmente é um dos melhores conselhos que tenho para dar, então vale a pena voltar ao assunto. Eu estava frustrado, e talvez até um pouco estressado, então tomei algumas providências para mudar meus pensamentos. Às vezes uma mudança de ambiente ou atividade é exatamente o que precisamos para dar início a uma atividade diferente no nosso córtex pré-frontal. Por alguma razão, eu estava enfrentando um momento de grande dificuldade na produção deste livro. Um "bloqueio de escrita", podemos dizer. Tenho quase certeza de que acabei de criar uma nova expressão aqui – se você gostou, pode usar.

Nas seções anteriores, espero ter deixado claro que se sentir no controle é a chave para manter a calma e reduzir o impacto do estresse sobre nossa vida. Caso não tenha ficado claro, talvez seja melhor você não ficar apenas folheando o livro, no fim das contas. Não é à toa que você tirou aquela nota vermelha em História. Mas entendo – eu também não era um bom aluno. Tudo bem, vamos recapitular: ser resiliente significa ter a atividade certa acontecendo no seu córtex pré-frontal para que sua amígdala cerebelosa não reaja a tudo no mundo como uma ameaça em potencial. Em outras palavras, ser resiliente significa ter o tipo certo de pensamento na sua cabeça, e esses pensamentos dizem respeito a como você consegue lidar com a situação que esteja enfrentando. Com certeza você já ouviu falar no "poder do pensamento positivo" ou alguma coisa do tipo que os chamados gurus motivacionais costumam dizer, mas realmente existe um fundo de verdade em frases como essa.[51]

Pode ser que você não tenha pensamentos positivos. Em vez disso, talvez tenha uma tendência a se preocupar. Talvez tenha o pavio curto ou costume se concentrar no aspecto negativo das coisas. Eu noto que algumas pessoas nem percebem quanto são negativas. Um exemplo: como falei antes, estamos em novembro, e até agora já vi pelo menos nove pessoas do meu *feed* de notícias do Facebook reclamando sobre as músicas e decorações natalinas. Por quê? Por que antes do Natal ainda tem o Dia de Ação de Graças? Então todo mundo deveria pendurar enfeites com perus depois do Halloween? As decorações e as luzes deixam as pessoas mais alegres, em especial agora que está anoitecendo mais cedo e todo mundo sai do trabalho quando já é noite fechada. Essa é uma reclamação que escuto todos os anos, e várias vezes, e é um bom exemplo de negatividade desnecessária. Pode prestar atenção: no começo de janeiro, essas mesmas pessoas são as que vão reclamar que alguns lugares ainda estão decorados para o Natal.

Ou talvez você seja uma pessoa que gostaria de aprender como ser mais

---

51 Eu nunca li, mas *O poder do pensamento positivo*, de Norman Vincent Peale (São Paulo: Cultrix, 1954), influenciou gerações de pensadores e de picaretas também.

resiliente. Porque, vamos ser sinceros, aprender a lidar melhor com o estresse não faz mal a ninguém.

A boa notícia é que temos bastante potencial para transformar nossos padrões de pensamentos, nossas reações, nossos comportamentos impulsivos e até nossas preocupações. Como mencionei antes, nosso cérebro tem uma característica chamada *neuroplasticidade*, que nos proporciona a capacidade de aprender coisas novas. A má notícia é que não é fácil. Exige esforço e, em alguns casos, um bocado de esforço. Se mudanças efetivas e duradouras fossem uma coisa tranquila, muito menos gente sofreria de hipertensão, diabetes, disfunção erétil ou qualquer outro problema relacionado ao estresse. Se mudar fosse fácil, haveria muito menos gente sofrendo de ansiedade e depressão. Se mudar fosse fácil, o estresse no trânsito não existiria, e eu não teria aquela história maluca com o meu amigo para contar para você. Se mudar fosse fácil, não haveria a necessidade de um livro como este, e eu certamente estaria escrevendo sobre outra coisa.

Um dos motivos por que mudar é tão difícil é que, durante a vida, nós nos dedicamos a comportamentos que são gratificantes, recompensadores ou fáceis. E nosso cérebro se acostumou com isso. Quando eu trabalhava em um emprego convencional, chegava em casa entre as cinco e as seis da tarde. A partir desse momento, meu cérebro tinha inúmeras opções de comportamento à disposição. Eu podia vestir minhas roupas de ginástica e ir até a academia do outro lado da rua (a atividade que minha mente consciente queria). Ou então fazer uma caminhada puxada pelo bairro (uma alternativa a isso). Poderia praticar meu espanhol ou ler um livro ou até aprender uma coisa nova (outras alternativas). E também podia me jogar no sofá e ficar mudando de canal na frente da TV durante horas. Adivinha qual opção meu cérebro escolhia com maior frequência? Se você acha que foi a academia, eu agradeço pelo otimismo, mas sou obrigado a admitir que o sofá saiu vencedor dessa batalha todas as vezes. Foi um massacre, na verdade. A academia nunca teve nem chance. Em minha defesa, não foi uma escolha consciente do meu córtex pré-frontal, mas uma coisa que meu cérebro fazia de forma automática ou por hábito. Depois que a decisão era tomada pelo meu cérebro, eu podia tentar me justificar, pensando: *Só vou relaxar um pouco antes de ir malhar.* Mas no fundo eu sabia o que ia acontecer. Ficar no sofá era a opção mais fácil e, se eu conseguisse me distrair um pouco que fosse, era também a mais recompensadora. Em termos comparativos, a ida à academia exigia um esforço muito maior, e a experiência provavelmente terminaria em dor.

Com certeza, muita gente que está lendo este livro acaba perdendo esse tipo de batalha dia após dia. Ah, você não? Certo, então quem anda contribuindo para a atual epidemia de obesidade são as pessoas que não estão lendo este livro. Meus leitores são todos extremamente saudáveis — não é à toa que você não conseguiu se identificar com o exemplo do chocolate. Fazer exercícios pode não ser tão difícil, mas exige mais esforço que ficar à toa no sofá. Existe gente no mundo que já se exercitou muito na vida, a ponto de seu cérebro se acostumar com esse tipo de atividade, e essas pessoas continuam fazendo isso por puro hábito. Infelizmente, trata-se de uma minoria, mas sem dúvida esse é um exemplo que você consegue entender muito bem.

Pois bem, na minha vida também houve momentos em que me senti motivado a me exercitar mais e ser mais saudável. Contrariando a avaliação do meu cérebro, eu me forçava a ir à academia. E me forçava a fazer aquela carga de exercícios todos os dias. Quando fazia isso, admito que a cada dia a coisa se tornava um pouco mais fácil que no dia anterior, mas mesmo assim resistir ao chamado do meu delicioso sofá exigia uma boa dose de esforço. E todas as vezes, depois de um breve período de malhação continuada, eu acabava voltando ao velho hábito. Acho que a maior parte das pessoas sabe bem como é isso.

Mudar é difícil, mas não impossível. Por exemplo, apesar da diferença de idade de cinco anos, meu irmão Jon e eu tínhamos hábitos bem parecidos quando crianças. Nenhum dos dois curtia esportes ou brincadeiras que exigissem muita atividade física. Na verdade, isso é meio que um eufemismo. A real é que éramos preguiçosos, bem preguiçosos. Muito mesmo. Até inventamos uma dança que podíamos fazer sem levantar do sofá. E a preguiça era tanta que a dança no sofá só rolava quando tocava uma música específica na MTV: "Unbelievable", do EMF. (Você precisa admitir pelo menos que era uma música bem legal – eles até samplearam o Andrew Dice Clay. Foi lançada em 1990, e eu não dancei mais desde então, portanto é melhor mudar de assunto.) Uma única dança? Deitado no sofá? *Isso* é preguiça.

Dada nossa inclinação à preguiça, pode soar uma surpresa para você que, mais ou menos vinte anos atrás, Jon começou a se exercitar regularmente e não parou até hoje. Na verdade, é tão ativo que aparentemente isso se tornou um hábito. Ele fica ansioso quando não consegue dissipar sua energia. Apesar de mudar de modalidade várias vezes – de vôlei para CrossFit, de escalada esportiva para Krav Maga –, ele vem se mantendo sempre ativo desde então. Quando chega do trabalho, seu cérebro se anima com a possibilidade de ir à academia ou à quadra de vôlei, ou aonde quer que seja. Ele ainda tem o potencial para a preguiça, mas para todos os efeitos conseguiu implementar de forma bem-sucedida sua mudança de comportamento.

(A essa altura você pode estar se perguntando se, na minha tentativa de superar meu bloqueio de escrita, eu não passei diante de decorações natalinas e de uma academia de ginástica. Humm... talvez.)

A preguiça que acabei de descrever não tem a ver diretamente com a nossa reação ao estresse, mas espero que a analogia fique clara. Imagine que você passou a vida inteira praticando um determinado tipo de comportamento. Se você se irrita, se deprime ou se preocupa com facilidade, por alguma razão seu cérebro considera esse comportamento mais gratificante, mais recompensador ou mais fácil de realizar do que manter a calma. Digamos que, toda vez que você percebeu uma ameaça ou sentiu que não estava no controle de uma situação, tenha reagido com uma explosão de raiva. Hoje, quando pega um congestionamento, você se enfurece e automaticamente começa a xingar os outros motoristas. Caso decida mudar esse comportamento, e você pode fazer isso, vai precisar se esforçar um bocado. Sempre que se deparar com uma situação que sirva como gatilho, vai ter que fazer uma escolha consciente por comportamentos alternativos. Pode ser uma tentativa de se acalmar, como fazer um exercício respiratório ou contar até dez, ou talvez ligar o rádio – qualquer coisa que ajude a redirecionar seus pensamentos. Vai saber por que você reage assim... – pode ter sido um hábito formado por experiências ao longo de toda a vida ou algo desencadeado por um único acontecimento. Na verdade, provavelmente não faz diferença por que você reage assim, o que interessa é começar a fazer uma escolha consciente por outro comportamento. Da mesma forma, não importa por que minha bunda gostava tanto de ficar pregada no sofá, o mais importante era começar a ir à academia do outro lado da rua.

Pode parecer simples, mas é difícil. Não é fácil se lembrar de redirecionar seus pensamentos dia após dia. Muita gente tenta fazer mudanças assim, e a maioria acaba voltando ao comportamento anterior. Mas lembre-se: se Jon conseguiu fazer o cérebro dele gostar de exercícios físicos, então você provavelmente consegue aprender a não se irritar no trânsito.

Inclusive, vou levar a analogia da academia um pouco além. Se você sempre praticou exercícios físicos, provavelmente não vai se identificar, mas aposto que a maioria dos meus leitores não é formada por ratos de academia. O grande lance sobre se exercitar é que dá trabalho; exercícios são atividades físicas extenuantes, e, quanto mais tempo você ficar inativo, mais difícil a coisa se torna. Isso é uma grande ironia, porque no começo da vida nós nos exercitamos um bocado, só que chamamos isso de "brincar" em vez de "malhar", durante a infância. Alguns de nós mantêm esse padrão durante a adolescência e começam a praticar esportes, ao passo que outros, como o autor deste livro, encontram outros interesses que envolvem bem menos atividades físicas (a não ser que ler quadrinhos possa ser considerado um exercício aeróbico). Quando chegamos à vida adulta, ainda mais gente assume um estilo de vida bastante sedentário, passando um terço do dia sentado no trabalho, umas boas horas no carro, no meio do trânsito, e depois mais um tempão no sofá para relaxar depois de ficar sentado por tanto tempo. Nosso corpo se adapta à inatividade, e nós ficamos flácidos e nossos músculos atrofiam. Depois de tanto tempo de desuso, não é à toa que nosso cérebro considera mais fácil e gratificante ficar sem fazer nada. Quando finalmente resolvemos mudar de vida, colocar uma bela roupinha de lycra e começar a frequentar a academia, a experiência pode se revelar difícil, e provavelmente a recompensa imediata que imaginamos não vai rolar. No entanto, se de alguma forma conseguirmos nos convencer a ir até lá para mais uma rodada de exercícios no dia seguinte, a malhação vai se tornar menos dolorosa. Se continuarmos a nos forçar a uma adaptação a esse novo comportamento, a coisa vai se tornando cada vez mais fácil e até prazerosa. Todo mundo sabe disso; mesmo assim, continuamos sentados no sofá. Virar uma pessoa resiliente exige o mesmo tipo de persistência. Se por algum motivo não conseguimos desenvolver habilidades para lidar com o estresse ao longo da vida, quando decidimos tomar uma atitude a respeito, vai ser uma coisa difícil e estranha. Mas com o tempo vamos nos sentindo mais confortáveis.

O cérebro não é um músculo; não fica hipertrofiado com o uso. Por mais que você tente, nenhum tipo de atividade mental é capaz de fazer seu cérebro formar um calombo no seu crânio.[52] Os músculos, por sua vez, podem crescer um bocado quando são exercitados. O cérebro não fica maior, mas, conforme mencionei antes, é capaz de se modificar e se rearranjar de acordo com o uso. Algumas áreas se tornam mais complexas com o acréscimo de novas conexões entre as células, reduzindo as áreas usadas com menos frequência para compensar a atividade extra. O cérebro de Sarah aprendeu recentemente a tocar piano. Nós não temos um equipamento de ressonância magnética, mas imagino que a parte do cérebro dela envolvida nessa atividade passou de "inexistente" a "um pouco mais complexa". Tudo no cérebro funciona assim; através da repetição de um comportamento, desenvolvemos a área associada a ele. Da mesma forma, quanto mais praticarmos o pensamento resiliente, mais o lado esquerdo do nosso córtex pré-frontal se desenvolve.

---

[52] Por mais que os frenologistas acreditem que sim.

Muito bem, e como chegar lá? É bem mais fácil explicar como chegar à academia do outro lado da rua, e é por isso que a analogia funciona tão bem, mas agora é hora de pôr a mão na massa. Vale a pena repetir algumas das coisas que discutimos até aqui, porque ajudam a exercitar seu córtex pré-frontal. Aqui vão elas, em um formato que inclusive torna mais fácil a vida de quem está só folheando o livro.

PARA MUDAR NOSSO COMPORTAMENTO, NÓS PRECISAMOS:
- Aprender a avaliar as situações que nos causam estresse para determinar se são de fato ameaçadoras e se existe alguma coisa que podemos fazer a respeito.
- Aprender a desviar nosso cérebro dos pensamentos negativos ou que causam preocupação. Se apenas redirecionar os pensamentos não ajudar, podemos tentar uma mudança de ambiente ou de atividade.
- Praticar repetidas vezes o comportamento que queremos apresentar.

6

Três dias em Xpujil (uma história de Jon)

Já mencionei algumas vezes aqui que considero que todos os acontecimentos estressantes podem ser vistos como situações em que o cérebro percebe que não está no controle. Ataques de urso, congestionamentos de trânsito, reparos imprevistos em um imóvel, pessoas passando por nós no supermercado, pular de um avião, arrombamentos de carros e chegar com atraso para eventos importantes são situações que podem ou não estar sob o nosso controle, mas podemos dar um jeito de sentir que estão, sim. Como? Bom, nós podemos aprender o que for possível a respeito de ursos antes de fazer uma trilha, contratar uma pessoa ou uma empresa para cuidar da manutenção do nosso imóvel ou fazer um curso de três semanas de paraquedismo. Em outras palavras, podemos tomar as medidas necessárias para nos prepararmos para as situações com as quais podemos nos deparar com maior probabilidade.

No entanto, não temos como prever todas as situações difíceis com que podemos nos deparar. É aí que nossa capacidade de resolver problemas vem a calhar. Nosso córtex pré-frontal, talvez como parte de sua função de nos proporcionar mais resiliência, é a área do cérebro que usamos para resolver problemas. Outra forma de pensar em acontecimentos estressantes é entender que, da perspectiva do seu cérebro, eles representam problemas que precisam ser resolvidos. Verdade que para o cérebro são sempre ameaçadores, mas, ainda assim, são problemas e precisam ser resolvidos. Portanto, se tivermos habilidades bem desenvolvidas para solucionar problemas, maior a nossa probabilidade de reagir a um acontecimento estressante com a confiança de que podemos influenciar seu desfecho. Em outras palavras, vamos reagir como se sentíssemos que temos algum nível de controle sobre a situação.

Eu já citei meu irmão algumas vezes ao longo deste livro. Ele foi muito gentil em dizer que desde cedo eu nunca me deixei abalar pelo estresse. É um exagero, claro, já dei vários exemplos de situações em que fui afetado pelo estresse, e também uma gentileza. Eu posso até ter uma tolerância maior que a média ao estresse, mas ele também. Como temos os mesmos pais (pelo menos segundo eles nos disseram), meu irmão e eu compartilhamos de 50% dos nossos genes. Além disso, fomos criados juntos, então naturalmente seria de esperar que houvesse similaridades entre nós. Assim como eu, Jon é bastante resiliente e tem uma ótima capacidade de resolver problemas.

Depois que se formou na faculdade, Jon arrumou um emprego incrível como guia de turismo de aventura de uma empresa sediada no norte da Califórnia.[53] Ele guiava uma van de quinze passageiros cheia de turistas, em sua maioria europeus, para conhecer lugares espalhados por todos os Estados Unidos, e isso em uma época em que não existiam smartphones nem GPS, muito menos acesso à internet. Quando uso meu celular para planejar todas as minhas viagens, me orientar dentro das cidades e me informar sobre novos trabalhos, fico admirado ao pensar em como conseguíamos fazer essas coisas algumas poucas décadas atrás. Jon era tão bom nesse trabalho que a empresa começou a escalá-lo para conduzir excursões também para o México (os conhecimentos de espanhol que ele adquiriu morando no Texas ajudaram nesse sentido).

---

53 Enquanto fazia meu doutorado, eu trabalhei durante umas férias de verão para a mesma empresa, mas fazendo bem menos rotas. Uma vez um grupo de italianos, através de um intérprete, me perguntou o que eu fazia quando não estava guiando excursões. Eu contei que estudava psicologia, e, coincidência ou não, três deles eram psicólogos.

Três dias em Xpujil (uma história de Jon)

Quando cruzavam a fronteira, os guias turísticos ficavam praticamente sem contato com a base da empresa na Califórnia, então eles só colocavam para fazer esses trabalhos os funcionários que sabiam se virar bem sozinhos. Como você deve imaginar, meu irmão viveu experiências incríveis nesse emprego e tem muitas histórias para contar a respeito. Uma delas era tão boa que eu o incentivei a escrevê-la.[54] Ele me deu sua permissão para compartilhá-la aqui.

> Um dia eu estava dirigindo de Palenque para Tulum, uma viagem que normalmente leva cerca de dez horas, quando a van quebrou. Eu estava com um veículo cheio de turistas no meio do nada na fronteira da Guatemala, e a van simplesmente parou de funcionar. Encostei e tentei fazer o motor voltar a funcionar, mas não teve jeito. Não consegui encontrar nenhum problema mais óbvio no motor; qualquer que fosse o problema, meus conhecimentos automotivos não bastariam para resolvê-lo. Foi preciso avaliar a situação. Estávamos parados em uma estrada de pista única e sem acostamento no meio da selva do sul do México. Não havia nenhum carro por perto, muito menos algum sinal de civilização. A última cidade pela qual passamos já tinha ficado vários quilômetros para trás.
>
> Obviamente, os turistas ficaram preocupados, então minha reação precisava ser rápida e transmitir confiança. Peguei toda a comida e água que levávamos no bagageiro do teto, para o caso de precisarmos esperar por muito tempo. E disse a eles que estava tudo tranquilo, que eu daria um jeito na situação. Afinal de contas, "Isto é turismo de aventura".
>
> Cerca de quinze minutos depois, um El Camino apareceu na estrada, seguindo na mesma direção em que estávamos indo. Fui para o meio da estrada e pedi para que o motorista parasse. Perguntei qual era a distância

---

54 Ele a escreveu originalmente para seu livro *Seven Months Deep*, publicado em 2004. A versão reproduzida aqui foi ligeiramente editada.

até a cidade mais próxima e o que havia por lá. A cidade mais próxima era Xpujil. Ficava a meia hora de viagem, mas não havia nada por lá: nem hotéis, nem postos de gasolina, nem lugar nenhum que oferecesse algum tipo de serviço para viajantes. A cidade seguinte depois de Xpujil era Chetumal, a mais de três horas de viagem, perto da fronteira de Belize. Em Chetumal, sim, havia um posto de gasolina e alguns hotéis.

Peguei uma carona até Xpujil. Pedi que os turistas me esperassem na van, onde tinha comida e bebida, e disse que eu voltaria o quanto antes.

Subi na caçamba do El Camino e lá fiquei por meia hora até chegarmos a Xpujil. Era um lugarejo minúsculo e empoeirado, e desci bem no centro da cidade. Olhando ao redor, estimei que o lugar devia ter menos de 5 mil habitantes. Havia um pequeno restaurante, que servia também como mercearia. Em uma construção de concreto sem fachada era possível ler a palavra "*Taller*" pintada em letras amarelas, e do outro lado da rua havia uma estrutura similar com a palavra "*Autobus*". Entre um lugar e outro, alguns táxis parados.

A cidade inteira ficou me olhando quando fui até a oficina e pedi para eles irem dar uma olhada em uma van parada a meia hora dali. Coloquei os dois mecânicos em um táxi e contratei duas minivans para os meus treze turistas à deriva. Quando chegamos à van, os mecânicos olharam sob o capô e me disseram "Está *chingada*" – estava totalmente ferrada. Precisaria ficar três dias na oficina.

Três dias! Perguntei por que a demora. Eles disseram que provavelmente tinha sido o disco principal que quebrou e que precisariam ir até Chetumal para comprar uma peça nova antes de fazer o reparo. E a instalação levaria uma tarde inteira.

Três dias em Xpujil (uma história de Jon)

Tirei todos os pertences dos turistas do bagageiro no alto da van, coloquei nas minivans dos taxistas, e voltamos para Xpujil. Fomos deixados no restaurante, e eu pedi para aguardarem ali enquanto via o que podia fazer. *O que eu podia fazer com treze turistas que não falavam uma palavra de espanhol?*, pensei. O passeio terminaria com alguns dias em Cancún, então imaginei que lá seria o melhor lugar para eles me esperarem. Eles poderiam se hospedar em um hotel e se virar falando inglês; além disso, é um lugar lindo, com um monte de coisas para fazer. Fui até a rodoviária e perguntei quando sairia o próximo ônibus para Cancún.

"Amanhã", respondeu a jovem atendente.

Os turistas não podiam passar a noite em uma cidadezinha como aquela. Não havia sequer um hotel, e precisaríamos montar barracas na beirada de uma rua de terra. Fui até o ponto de táxi e perguntei quanto eles cobrariam para uma viagem até Cancún. Seria uma viagem de doze horas para os taxistas, que precisariam usar três minivans. Até tentei pechinchar, mas estava em uma situação desesperadora. Eles me cobraram 400 dólares, e o caixa eletrônico mais próximo ficava em Chetumal, então organizei uma vaquinha para levantar a quantia entre os turistas. Passei para eles o nome e o telefone do hotel para onde deveriam ir e prometi que ligaria para ver se estava tudo bem. Entreguei as mesmas coordenadas nas mãos dos taxistas, e, com 400 dólares pegos emprestados, eles partiram para Cancún.

Em seguida os mecânicos e eu precisávamos arrumar um jeito de transportar a enorme van de quinze passageiros quebrada até a oficina. Levamos mais duas minivans até lá, e algumas correntes. Prendemos uma corrente na frente da minha van à traseira de uma das deles. O trajeto de volta demorou uma hora por causa do peso extra puxado pela minivan. Quando chegamos, já estava escuro, mas eles entenderam que para mim era uma questão urgente e começaram a desmontar a van. Como não tinha mais nada para fazer, fiquei observando enquanto eles trabalhavam. Jantei no restaurante e mercearia local; inclusive, fiz todas as minhas refeições lá durante três dias. Por sorte, o lugar tinha uma televisão, então consegui matar uma boa parte do tempo vendo uns programas mexicanos horrorosos. Como não havia hotel, quando os mecânicos terminaram o que estavam fazendo, peguei um cobertor, estendi sobre um dos assentos e me preparei para dormir. Perguntei sobre o que faríamos a seguir, e eles avisaram que era preciso ir a Chetumal comprar a peça sobressalente.

Acordei no dia seguinte com o som dos mecânicos trabalhando na van. Eles tinham desmontado o veículo inteiro e colocado as peças sobre uns blocos de concreto na rua de terra na frente da oficina. À primeira vista, a coisa parecia meio caótica, mas, considerando as outras experiências que tive no México e o que aqueles caras estavam me dizendo, eles sabiam mesmo o que estavam fazendo. Quando a van ficou totalmente sem carenagem, parecia um corpo humano aberto para uma cirurgia cardíaca. Eles estavam certos sobre o problema e me mostraram a peça quebrada. O disco que deveria estar conectado à barra que fazia os pneus traseiros girarem e o veículo andar estava destruído, definitivamente uma peça *chingada*.

Havia dois mecânicos: o dono da oficina, um cara mais velho com um ótimo senso de humor e uma ética de trabalho notável, e um cara mais jovem que havia se mudado para lá alguns anos antes de terminar seu curso de técnico em mecânica automotiva, em Monterrey, uma cidade grande mais ao norte. Era inteligentíssimo e entendia muito de carros, além de também não ter medo de pegar no pesado. Ambos ficaram trabalhando até tarde na noite anterior e recomeçaram no dia seguinte logo cedo.

O segundo dia era um domingo, e no México nada funciona de domingo. Um catolicismo bastante estrito, combinado com a prática generalizada de baixos salários, ajudou a criar uma cultura baseada em longas *siestas* nos dias de semana e descansos aos domingos. O mecânico mais jovem, que era mais novo que eu, passou uma boa parte do dia vasculhando os ferros-velhos da cidade em busca de uma peça que poderia quebrar o galho. Não encontrou nada. Sem nada a fazer, passei o dia todo no restaurante-mercearia, vendo televisão e bebendo café solúvel.

A monotonia do meu dia foi quebrada por uma espécie de procissão que durou umas duas horas. Não sei o que foi aquilo, mas o jovem mecânico me convidou para assistir. Havia carros decorados e moradores desfilando pelas ruas. O México tem uma cultura religiosa bem interessante. Antes da invasão colonial da "Nova Espanha" por Hernán Cortés, os mexicanos praticavam o paganismo. Astecas, maias e olmecas, para citar alguns dos principais grupos de nativos do México, eram adeptos de religiões politeístas. De acordo com os relatos históricos, Cortés desembarcou no México com toda a sua empáfia espanhola e impôs à força a religião católica. Uma mistura interessante de paganismo e catolicismo assim surgiu, com diversos santos católicos assumindo as características das deidades locais. Os santos são cultuados e celebrados em diferentes dias porque existem muitos deles, portanto as comemorações religiosas são bastante comuns. Como os mexicanos não têm grana, as celebrações em geral se limitam a decorar os carros e desfilar pelas ruas. Acho que aquela procissão tinha a ver com algum santo.

Apesar da bem-vinda distração, o dia para mim terminou como o anterior: dormindo cedo no banco da van. Só o que eu podia fazer era esperar pela segunda-feira e torcer para que a peça de que precisávamos estivesse disponível em Chetumal.

No terceiro dia, o jovem mecânico e eu fomos a Chetumal. Era bem cedo, e por algum motivo não havia ninguém no ponto de táxi, então fizemos de carona a viagem de três horas, levando conosco o enorme disco quebrado. O mecânico estava acostumado a ir a Chetumal e conhecia bem o lugar. Descemos no centro da cidade, perto de uma das principais lojas de autopeças locais. Lá não tinha o que precisávamos. Percorremos todas as lojas dos arredores, mas não encontramos nossa peça em lugar nenhum. Então chamamos um táxi, passamos em todas as lojas de autopeças da cidade e de novo acabamos de mãos vazias. "Bom, sem chance de conseguir uma peça nova", o mecânico falou, e pediu para o taxista nos levar a um ferro-velho.

Fomos a todos os ferros-velhos de Chetumal e de novo saímos sem nada. Eu estava ficando bastante apreensivo, porque sem essa peça não teria como mover a van, e não queria nem pensar nas alternativas. Enquanto isso, havia um grupo de turistas estrangeiros que não falavam espanhol me esperando em Cancún. Se a van não pudesse ser consertada em Xpujil, teria que ser rebocada até Cancún, o que exigiria chamar um guincho de lá para fazer a viagem de doze horas entre ida e volta. Depois disso eu ainda precisaria encontrar um mecânico por lá e esperar pela instalação do novo disco. A outra opção era ligar para a agência de turismo e mandar vir outra van de Santa Rosa, na Califórnia, o que significaria uma viagem de quatro ou cinco dias.

"*No te preocupes*", me disse o mecânico. Ele tinha um plano C.

Três dias em Xpujil (uma história de Jon)

Ele me falou que iria soldar o disco quebrado, então voltamos para o centro de Chetumal, dessa vez para comprar ferros de solda. Eu também fui ao caixa eletrônico e saquei o máximo de dinheiro que podia, e então pedimos ao taxista que nos levasse para Xpujil. Depois de passarmos por pontos de inspeção do Exército e centenas de lombadas, chegamos só depois de escurecer. Ele e o outro mecânico se puseram imediatamente a soldar. O trabalho tinha de ser preciso, e qualquer erro no posicionamento das diferentes partes tornaria a peça inutilizável. Portanto, soldar o disco foi um processo que exigiu bastante tempo. Algumas horas já haviam se passado, e estava bem tarde. Convidei os mecânicos para ir ao restaurante comer alguma coisa e beber um café solúvel. Eles me levaram para tomar uma cerveja, mas precisavam voltar para casa, para suas esposas e filhos. Inclusive o mecânico mais jovem era casado e pai de dois filhos. Era um sujeito que parecia mais adulto e responsável do que eu tinha sido a vida inteira.

Naquela noite, dormi mais uma vez no banco da van. Eu realmente esperava que aquela fosse minha última noite desconfortável de sono. Depois de três dias, estava precisando muito de uma cama, um banho e uma refeição decente. Além disso, estava ficando bem preocupado com os meus turistas, e ainda havia um novo grupo de europeus à minha espera para começar seu passeio de Cancún até a Cidade do México em poucos dias.

Meu quarto dia em Xpujil começou bem cedo. Os mecânicos voltaram a soldar o disco assim que o sol nasceu. Quando acordei, eles pareciam ter concluído só um quarto do trabalho, e achei que seria mais um longo dia. Conversei com os dois, e, apesar de me garantirem que daria tudo certo e que não havia por que se preocupar, pareciam estar perdendo sua confiança. Acompanhei seu trabalho por um tempinho e então fui ao restaurante tomar um café solúvel. Simplesmente não consegui relaxar nesse dia. Estava em um lugarejo minúsculo, em uma mercearia que ninguém além de mim usava como restaurante havia três dias. Para variar um pouco, dei uma caminhada pela cidade, que não passava de meia dúzia de ruas de terra. Fui do restaurante até a oficina a cada meia hora naquela manhã para acompanhar o progresso dos trabalhos. Depois de algumas horas, os esforçados mecânicos vieram me contar que tinham boas notícias.

Pensei que fossem me dizer que tinham terminado de soldar, mas em vez disso me contaram que tinham conseguido um disco de segunda mão com um amigo e retomariam o plano original. Foi o maior alívio que senti na vida. Durante o resto da tarde, eles trabalharam na instalação da peça. No fim do dia, o serviço estava concluído.

Pensei no trabalho que eles haviam acabado de realizar e refleti sobre o alcance das minhas habilidades e do meu conhecimento, o que teve um efeito profundo e duradouro sobre mim. Lá estava eu, uma pessoa com diploma de ensino superior, literalmente de mãos atadas em uma situação como aquela. Me senti um desqualificado, já que precisei depender da *expertise* em mecânica daqueles dois mexicanos pobres de uma cidadezinha empoeirada. Me lembrei de alguns livros que li, de algumas discussões de que participei e de alguns artigos que escrevi. Também pensei nas minhas qualificações profissionais e nos meus antigos empregos como operador de caixa e pizzaiolo. Dei uma boa olhada naqueles dois caras, que trabalhavam em uma oficina mecânica feita de quatro lajes de concreto e moravam em uma cidadezinha com ruas de terra que não tinha sequer um posto de gasolina, e isso me serviu como uma grande lição de humildade.

Três dias em Xpujil (uma história de Jon)

Aqueles caras trabalhavam duro e tinham conhecimentos automotivos suficientes para identificar o problema. Também eram extremamente criativos e estavam determinados a concluir o serviço, fosse como fosse. Encararam longos turnos de trabalho e se dedicaram a valer no conserto daquela van, para que eu pudesse levar um grupo de alemães para ver pirâmides. Nesse momento da vida me tornei uma pessoa mais grata e humilde e me dei conta de que, apesar de ter um diploma universitário, na verdade não tinha nenhum conhecimento prático. Foi nesse instante que percebi que precisava ampliar meu leque de habilidades e decidi que era preciso continuar investindo na minha educação.

Agradeci muito aos dois, que me cobraram o preço justo. Eu lhes paguei o dobro do que pediram e reassumi meu lugar atrás do volante.

Eu adoro essa história, e espero que você tenha entendido por quê. Os mecânicos daquela cidadezinha mexicana com certeza salvaram a pele do meu irmão e de seu grupo de turistas. Jon pode ter sentido que não tinha habilidades práticas e conhecimentos mecânicos suficientes, mas merece muito crédito por sua capacidade de resolver problemas. Diante de uma situação dificílima, ele elaborou um plano rapidamente e tomou atitudes imediatas. Inclusive bolou um plano de contingência e pensou em uma terceira alternativa, caso tudo desse errado. Foi paciente, otimista e lidou com a situação da melhor forma que pôde. Não existe treinamento ou livro que possa preparar alguém para esse tipo de circunstâncias. Nem todo mundo saberia se virar tão bem em uma situação como essa, e isso é motivo de muito orgulho para um irmão mais velho.

7

Quebra-cabeças, jogos e ataques de ursos

Por coincidência, enquanto eu escrevia os capítulos anteriores, meu irmão Jon e nossos pais vieram passar uma semana em Denver comigo e com Sarah. Acho que estão aqui sobretudo pela nossa filha, mas, se as crianças ajudam a unir a família, então que seja. É conveniente tê-los aqui exatamente no momento em que vou começar a tratar de como podemos nos tornar mais resilientes por meio de certas práticas, porque eu pretendia citá-los de qualquer forma, além da importância de não abandonar essas práticas para que a resiliência seja mantida.

Antes de começar a falar sobre a pane do meu irmão (da van que ele dirigia, não dele como pessoa), você deve se lembrar de que usei uma analogia com a musculatura para descrever como podemos "fortalecer" partes do nosso cérebro e desenvolver padrões específicos de atividade. Assim como os músculos se adaptam à repetição de exercícios pela repetição de um comportamento, nosso cérebro pode se tornar mais apto a executá-lo. Pense a respeito de qualquer informação factual que você tenha aprendido. Talvez você tenha passado a infância memorizando estatísticas esportivas, nomes de personagens de quadrinhos ou fenômenos psicológicos, não importa: para convencer seu cérebro a guardar essas informações na memória, foi preciso praticar. Fosse uma coisa útil ou não, você se expôs repetidas vezes ao contato com essa informação até armazená-la em algum lugar em seu córtex pré-frontal. O mesmo vale para suas habilidades. Você aprendeu a ler e escrever praticando – a não ser que não saiba, mas nesse caso está fazendo o que agora? Tem alguém lendo este livro para você? Está ouvindo um audiobook pirata? Pode me contar, prometo que não vou ficar bravo.

Existe um período da nossa vida em que nosso cérebro tem naturalmente a oportunidade de praticar e, com isso, adquirir uma *enorme* quantidade de informações e habilidades. Nós chamamos esse período de "infância". Minha filha Alyssa aprende coisas novas todos os dias, e como consequência dessas experiências seu cérebro está se desenvolvendo. Este mês ela aprendeu a acender e apagar a luz (subindo em um degrau), a abrir e fechar as torneiras e, com um ano e sete meses (hoje), acho que está bem perto de querer seu próprio iPad. Ela também está aprendendo outras coisas que talvez prefira que eu não revele, mas uma que me deixa especialmente feliz é seu grande interesse por quebra-cabeças e outros exercícios para o córtex pré-frontal.

Como meus pais estão por perto, aproveitei para conversar a esse respeito, e eles me disseram que eu também era assim. Na idade de Alyssa, eu tinha uma coleção de quebra-cabeças que gostava de montar e adorava brinquedos que me permitiam construir coisas, como blocos e coisas afins. Como estava destinado a ser um gênio, eu criava estradas para meus carrinhos de brinquedo usando livros. Pois é, bem melhor que ler, não? Da mesma forma, meu irmão curtia muito Lego, e passava horas montando coisas. Um detalhe que ambos os meus pais mencionaram sobre minha infância foi que eu nunca me deixava abalar pelas coisas e parecia ser bem feliz. Não que não fosse uma fonte significativa de estresse para eles – minha mãe contou que um dia eu corri atrás de um cachorro na rua por vários quarteirões, quase fazendo com que ela tivesse um ataque do coração. Pelo jeito eu era uma criança bem interessante. Sarah era uma menina muito ativa e observadora. Quando tinha a idade de Alyssa, sua mãe costurava vestidos, e Sarah imitava seus gestos com a tesoura. Seu pai era carpinteiro, e ela tinha acesso a muita madeira e ferramentas. Quando ficou um pouco mais velha, construiu uma casa na árvore no quintal que ficou tão grande que a prefeitura mandou derrubar.

Então, hipoteticamente falando, se uma pessoa conseguiu chegar até a idade adulta sem desenvolver boas ferramentas de controle de estresse, como poderia fazer para consegui-las? Eu, há... posso perguntar para uma pessoa. Essa pessoa é você, aliás. Bom, infelizmente não existe solução fácil – nenhum campo magnético ou suplemento nutricional vai produzir do nada uma abundância de atividade no lado esquerdo do nosso córtex pré-frontal da próxima vez que nos depararmos com um fator de estresse. Se quisermos desenvolver a habilidade de resolver problemas, precisamos começar, sabe como é... resolvendo problemas. Simplesmente não existe outro jeito. Se quiser músculos fortes, você precisa exercitá-los e, se quiser lidar melhor com o estresse, precisa aprender a resolver problemas.

Eu entendo que esse conselho pode não parecer muito prático. Não dá para sair por aí procurando problemas para resolver (quer dizer, até dá, se você for o Homem-Aranha). E não é nada aconselhável ir em busca de problemas ou cruzar o caminho de ursos de propósito. O controle do estresse tem como objetivo reduzir o nível de problemas na nossa vida, então como podemos praticar a resolução de problemas sem criar mais estresse? Isso é fácil: só precisamos encontrar problemas que não representem ameaças ou não tragam repercussões negativas em caso de fracasso. Porque, vamos ser sinceros, estamos falando sobre desenvolver habilidades inexistentes ou bastante limitadas. Então é claro que vamos quebrar a cara algumas vezes.

Nós vivemos cercados de problemas e todos os dias temos inúmeras oportunidades de usar nosso cérebro para elaborar estratégias – só precisamos saber reconhecê-las como tais. As tarefas domésticas, por exemplo. Como resolver o problema da verdadeira zona que é a sala de estar da minha casa? Posso decidir onde colocar as coisas para que não fiquem mais espalhadas por toda parte, amenizando o problema da bagunça. Posso organizar as gavetas, dobrar as roupas, passar o aspirador, encher a lava-louças e até arrumar a cama. Todas essas coisas que representam problemas podem ser usadas para o meu cérebro praticar a busca por soluções. São problemas bem fáceis de solucionar, e provavelmente você vai conseguir, o que proporciona uma sensação de realização (a não ser que tente dobrar um lençol de elástico, que aparentemente é uma fonte infinita de estresse – seria melhor tacar fogo naquela coisa). Essas atividades também reduzem meu estresse tornando meu espaço mais aconchegante, e as pessoas consideram que os atos de limpar e arrumar também aliviam o estresse de outras áreas da vida. Sarah é uma dessas pessoas, então sempre dou um jeito de deixar um trabalhinho extra para ela... Sabe como é, em benefício de sua saúde mental. E, Alyssa, se estiver lendo isso quando for mais velha, o motivo por que sua mãe e eu mandamos você arrumar seu quarto é por causa do seu desenvolvimento cerebral. Agora trate de recolher esses malditos brinquedos!

Quebra-cabeças e passatempos também são ótimos exercícios mentais: labirintos, palavras cruzadas, sudoku, enigmas, não importa. São formas simples, seguras e inofensivas de desenvolver a parte do cérebro que resolve as coisas. Ninguém vai destroçar você por cometer um erro em uma cruzadinha. Além disso, são problemas que podem ser resolvidos sem precisar envolver outras pessoas. Mas, se você tiver companhia, os jogos de estratégia, como xadrez, damas, baralho etc., também são úteis. Alguns aplicativos para celular também podem ser boas fontes de exercício mental, e sempre mantenho pelo menos um joguinho de estratégia no meu celular. Por outro lado, eu posso só estar querendo arrumar uma desculpa para o meu vício.

A grande questão é testar nosso cérebro repetidamente, até desenvolvermos um domínio sobre esse nível de desafio. E então elevar um pouco a dificuldade. É como trabalhar os bíceps na academia – talvez você comece com cinco quilos, mas depois de algumas sessões esse peso deixa de proporcionar o mesmo nível de esforço, e você pode aumentar para sete ou dez. Alyssa faz esse processo com seus brinquedos, passando para outros mais desafiadores.

O mesmo conceito se aplica ao cérebro. Por exemplo, se você está craque no Tetris, talvez esteja na hora de procurar um novo desafio. Eu cresci jogando Tetris no fliperama e fiquei tão bom que com uma ficha conseguia jogar uns dez minutos. Continuei jogando em quase todas as outras plataformas possíveis desde então, inclusive as diferentes gerações de celular. Quando a coisa deixava de ser desafiadora, eu passava para outro jogo. Caso você nunca tenha procurado, pode ser uma surpresa descobrir quantos games no estilo quebra-cabeça existem para os smartphones. No atual estágio da minha vida, eu os uso para tentar manter a mente ocupada quando estou entediado, mas para quem está tentando desenvolver habilidades cognitivas existem milhares de aplicativos e dispositivos disponíveis.

Por falar em Tetris, uma das coisas que Sarah faz para controlar o estresse é limpar e organizar as coisas. Ao longo dos anos, ela se tornou uma mestra da organização, e toda vez que arrumamos as malas para viajar (o que é uma coisa mais do que frequente) ela demonstra uma habilidade quase inigualável no "Tetris automotivo". Puxa, o que eu já a vi fazer caber no nosso carrinho compacto deixaria perplexo até o Robert Ripley (cartunista e jornalista americano criador do programa de rádio, depois para TV, de pautas excêntricas *Believe it or not!* (Acredite, se quiser!)).

Mudando um pouco de tom, e o trocadilho aqui é proposital, alguns meses atrás Sarah percebeu que ninguém estava usando o piano de casa. Podia não ser um problema óbvio, mas ela se determinou a resolver mesmo assim. E, com isso, ajudou a manter forte e saudável o córtex pré-frontal que eu tanto amo. A lição a tirar disso? Se você não tem problemas que possam ser usados para dar uma turbinada no seu córtex pré-frontal, invente um.

Uma coisa que é preciso entender é que não estou dizendo que dedicar seu tempo a quebra-cabeças e jogos vai tornar você capaz de encarar um urso ou manter a calma no trânsito de uma hora para outra. Existe uma enorme diferença em termos de habilidades necessárias para resolver esses problemas. O que estou dizendo é que acontecimentos estressantes são problemas que precisam ser resolvidos e, quanto melhor seu cérebro for nisso, maior a probabilidade de reagir bem ao se deparar com algo que precise de uma solução. Em outras palavras, quanto mais confiança você tiver nas suas habilidades, menos suas reações vão ser influenciadas pelo estresse.

ANTES DE PARTIRMOS PARA OUTRA, QUE TAL DEIXARMOS UMA COISINHA PARA QUEM ESTÁ SÓ FOLHEANDO O LIVRO?

- Se quisermos aprimorar nosso controle do estresse, precisamos também desenvolver nossa capacidade de resolver problemas.
- A capacidade de resolver problemas pode ser aprimorada com desafios que exigem a elaboração de estratégias.

Por fim, me permita acrescentar que a habilidade de resolver problemas, assim como a maior parte das funções adquiridas do cérebro, precisa ser mantida. Mais uma vez, pense na analogia com a musculatura e o que acontece quando você para de malhar. Você não vai querer se esforçar tanto para desenvolver seu córtex pré-frontal para depois deixar tudo ir embora, assim como as noções de espanhol que aprendeu na escola. A frase "quem não usa acaba perdendo" se refere a esse fenômeno. Quando eu era um estudante universitário no Texas, ouvia muita gente falar espanhol e até fiz uma viagem ao México nas férias, me comunicando no que eu tinha certeza de que era o idioma local. Agora, depois de várias mudanças de cidade e sem muita oportunidade para praticar, às vezes me embanano todo até na hora de fazer meu pedido no Taco Bell. Estou brincando, é claro que peço tudo em inglês, mas esse é mais um motivo por que é importante continuarmos a nos desafiar a aprender coisas novas durante a vida.

Você pode estar em um momento da vida em que está tudo bem confortável e os problemas não surgem com tanta naturalidade. Por exemplo, além de alguém muito rico, não consigo pensar em outro estilo de vida mais desejável que o de um aposentado: todo o esforço é recompensado, e você pode receber um salário simplesmente pelo fato de continuar respirando. Parece um sonho para mim, mas muitos aposentados acabam ficando deprimidos e sofrem com problemas cognitivos. Quase toda a sua atividade mental era concentrada no que eles faziam para ganhar a vida, e então suas responsabilidades passam a se limitar a ver reprises na TV e manter a poltrona em posição confortável. Meus pais se aposentaram não faz muito tempo e estão fazendo o que podem para se manter ocupados. Minha mãe aprendeu a fazer coisas novas, como cestos artesanais, e meu pai assumiu novos projetos e encontrou coisas para consertar na garagem, como a motocicleta dele. Como dispõem de tempo de sobra, também gostam de viajar para lugares exóticos e incomuns. Lugares como Denver, que é superexótico, para visitar a netinha enquanto o pai dela escreve um livro.[55]

Cultivando a resiliência nas crianças

À medida que eu crescia, sempre vi meus pais demonstrarem altos níveis de resiliência. Meu pai ficou nas forças armadas por tempo suficiente para servir e sobreviver a duas guerras, e minha mãe – bom, era obrigada a lidar com ele. A resiliência pode ser em parte hereditária, mas os fatores genéticos respondem apenas por metade dessa característica. É o lado do "inato" na distinção entre "inato e adquirido". A outra metade vem de uma mistura de incentivo e acaso.

Uma das perguntas mais comuns que as pessoas me fazem em palestras sobre controle de estresse é: "Como criar filhos resilientes?". Eu sempre respondo a mesma coisa: dando o exemplo. Como você ensina uma criança a andar? A usar um garfo? A manter uma pose por tempo suficiente para tirar uma foto centenas de vezes? Sim, dando o exemplo. Mãos à obra!

A melhor, e mais relevante, forma de criar filhos resilientes é mostrar resiliência na presença deles. E ponto-final. Quando você perde a cabeça e tem uma reação desmedida no trânsito, pense na pessoinha que está no banco de trás e nas lições que ela está tirando da situação. Qualquer padrão de comportamento

---

[55] Aliás, recentemente levei minha filha para fazer um exame laboratorial. Sua composição química é: 80% leite materno; 10% macarrão com queijo; 10% doces fornecidos pelos avós.

que demonstramos na frente dos nossos filhos é absorvido pela pequena esponja que eles têm dentro da cabeça, e tudo tem potencial para se incorporar à maneira como eles interagem com o mundo. Já faz meses que, quando pega qualquer coisa do tamanho de um celular, Alyssa leva o objeto ao ouvido como se estivesse conversando ao telefone. Sarah e eu achamos isso muito engraçado e particularmente interessante, porque quase nunca usamos nossos celulares para ligações telefônicas. Quem é que faz isso ainda? E o que é ainda mais maluco é quando ela vê um telefone de disco e começa a fingir que está ligando para um número. Se uma criança consegue imitar um comportamento tão obscuro, imagine a quantidade de coisas que pode estar se incorporando àquele pequeno cérebro.

As crianças se voltam para nós em busca não só de orientações, mas também de exemplos de como viver e como lidar com as diferentes situações com que podem se deparar. Se quisermos que nossos filhos saibam lidar com qualquer coisa quando crescerem, precisamos ser capazes de fazer o mesmo. Não estou dizendo que devemos tirar nossos filhos de perto quando nos estressamos ou perdemos a cabeça, mas eles precisam entender quando isso é apropriado e quando não é. Precisam aprender a diferença entre ursos e unicórnios. Se eles nos virem surtados, irritados, magoados, brigando, berrando ou nos isolando sempre que alguma coisa der errado, não deveria ser surpresa se acabarem tendo dificuldades na vida depois de adultos.

Se quisermos que nossos filhos estejam preparados e equipados para lidar com a vida (e qual pai ou mãe não gostaria?), precisamos dar exemplos de boas maneiras de resolver problemas, além de estratégias saudáveis para lidar com o estresse, como saber desacelerar, se dedicar a algum hobby, fazer exercícios físicos e socializar. É importante para as crianças ver que sabemos estabelecer limites, ser flexíveis, não deixar os outros na mão e enfrentar desafios. Sabe como é, todas essas coisas que contribuem para uma vida saudável.

Obviamente, se quisermos que nossos filhos tenham resiliência, precisamos aprender a controlar nosso próprio estresse. No entanto, se não sabemos lidar direito com o estresse mas queremos uma vida melhor para nossos filhos, precisamos saber fingir. Sim, fique à vontade para fingir como o seu ou a sua ex costumava fazer. Fique à vontade para fingir na frente das crianças. Se não consegue controlar suas reações, pelo menos tente escondê-las. Na frente dos pequeninos com seus cérebros feito esponjas, guarde para si suas explosões de raiva e preocupações o máximo possível. Finja para que *eles* possam aprender a fazer de verdade.

Meus pais eram ambos bastante resilientes, mas minha mãe às vezes se mostrava uma pessoa um tanto preocupada, o que aliás acontece até hoje. De alguma forma, eu não apenas consegui crescer sem assimilar esse hábito como só descobri essa característica da minha mãe depois de adulto. No início da minha carreira como palestrante, um dos meus principais temas era a preocupação como um comportamento que contribui para a ansiedade e o estresse, e a primeira coisa que ela fez depois de me ouvir falar foi contar que, quando meu irmão e eu éramos menores, ela se preocupava com a gente o tempo todo. Ela deve ter percebido que precisava manter esses pensamentos só para si, porque eu nunca notei nada de diferente. Ela me falou que, quando morávamos no norte do estado de Nova York, na cidade de Plattsburgh, eu andava de bicicleta pelos bosques que havia perto da nossa casa. Toda vez que eu saía, ela marcava um horário para minha volta e passava o tempo todo preocupada comigo. Eu mal me lembro desses bosques; havia umas trilhas bem legais para andar de bicicleta, mas ao que parece existia uma rodovia movimentada ali perto. Ela ficava imaginando um monte de coisas horrorosas que poderiam acontecer comigo. Se eu me atrasasse, ela ficava com medo de que eu pudesse ter sido atropelado por um carro e estivesse morto em uma vala em algum lugar. É uma coisa horrorosa de imaginar, mas ela não mencionava para mim, e eu podia voltar para casa tranquilo, sem a menor noção do tanto que ela sofria, e no fim pude crescer sem adquirir esse hábito da preocupação excessiva.

Para ser bem sincero, agora que sou pai, algumas preocupações surgem na minha mente de vez em quando, mas nunca ficam rondando minha cabeça por muito tempo. Mas você pode me perguntar sobre isso de novo quando Alyssa aprender a andar de bicicleta.

Meu irmão e eu nos tornamos capazes de lidar bem com o estresse, em parte graças ao ambiente que nossos pais criaram para nós. Talvez tenha sido algo intencional, ou talvez uma simples consequência do fato de eles já serem pessoas resilientes e felizes, mas o fato é que fomos criados de uma forma que permitiu que nossas personalidades florescessem. Eles nunca impuseram dogmas nem fizeram questão que seguíssemos uma determinada direção na vida. Conheço um monte de gente que foi obrigada a fazer atividades que não queria ou seguir carreiras que não escolheu, mas esse não foi o nosso caso. Nós tivemos permissão, e incentivo, para buscar diferentes interesses ao longo da vida. A única coisa que nos diziam era que poderíamos fazer o que quiséssemos, desde que estivéssemos felizes; esse era o lema dos meus pais. E, pode acreditar, meu irmão e eu usamos e abusamos disso. Por um tempo fomos dois perdidos na vida, mas nossos pais sempre tiveram orgulho de nós. E acho que eles fizeram um bom trabalho conosco. Meu irmão e eu não somos ganhadores do prêmio Nobel nem grandes figurões em nossas respectivas áreas de trabalho, mas também não somos motivo de vergonha para ninguém.

Espero que Sarah e eu sejamos capazes de criar nossa filha com o mesmo nível de resiliência que meus pais me ensinaram.

Um dos muitos benefícios que meu irmão e eu tivemos graças aos meus pais foi a capacidade de resolver problemas. Quando estava na faculdade, aprendi a teoria de Baumrind sobre os estilos de criação dos filhos.[56] De acordo com essa teoria, os pais podem ser caracterizados conforme quanto exigem que os filhos se atenham a regras e estruturas e quanto estão atentos às suas necessidades. Uma criança pode desenvolver problemas de comportamento se for criada sem estrutura ou se for negligenciada. Em termos de resiliência, gosto de pensar que o sucesso na criação dos filhos depende de estimular sua capacidade de resolver problemas.

Imagine o que aconteceria com a capacidade de resolução de problemas de um determinado indivíduo se, a cada vez que ele se deparasse com uma dificuldade, alguém tomasse a frente da situação e desse um jeito em tudo no lugar

---

56 Baumrind, Diana. Child Care Practices Anteceding Three Patterns of Preschool Behavior. *Genetic Psychology Monographs*, v. 75, n. 1, 1967, pp. 43-88.

dele. Sem oportunidades para praticar a resolução de problemas, ele provavelmente desenvolveria uma deficiência nesse sentido. Ou imagine o que aconteceria se ele fosse sempre protegido de situações adversas e nunca se deparasse com um problema para resolver. Embora possa ser considerado um sujeito de sorte, imagino que esse indivíduo também teria uma deficiência em termos de sua capacidade de resolver problemas. Ninguém quer que os filhos sofram ou sejam expostos a coisas dolorosas, mas enfrentar dificuldades também tem seu valor. Encarar adversidades tem seu valor. Interferir em todas as situações ou proteger demais nossos filhos pode ajudar a evitar acontecimentos desagradáveis, mas também pode ter consequências de longo prazo.

Nunca vou me esquecer do dia em que minha filha subiu uma escada pela primeira vez sem ajuda. Estávamos em Nova York, em um playground no Central Park. Tinha um brinquedão legal por lá com um escorregador, que chamou sua atenção imediatamente. Ela andava praticando fazia um tempo, mas sempre precisava de ajuda, ou então subia engatinhando. Nesse dia, nós as vimos ficar de pé e seguir firme até o alto do escorregador. Foi uma coisa muito legal de acompanhar. Ter essa memória na cabeça significa também que nunca vou me esquecer de outra família que estava no playground nesse mesmo dia. Eram dois pais e uma criança pequena, assim como nós. Descobrimos que os pais quase sempre perguntam a idade dos filhos dos outros, como se fizessem comparações com o desenvolvimento dos seus, e o menino deles tinham pouco mais de 2 anos, cerca de oito meses a mais que Alyssa.

O que tornou o acontecimento memorável, além do feito de Alyssa, foi o caráter superprotetor da mãe do garoto. Ela ficava gritando, do chão, ordens para o pai, que estava na parte de cima do escorregador junto com o filho. (Aliás, existem muitas coisas de que sinto falta do tempo em que morei em Nova York, mas pessoas escandalosas com vozes anasaladas não são uma delas.) Ela ficava berrando que o filho não podia descer sozinho, e o pai pelo jeito não concordava. Os dois continuaram gritando um com o outro: ele, lá do alto; ela, do chão; enquanto isso, Alyssa conseguiu subir os degraus sem ajuda, chegar ao alto do escorregador, passar por pai e filho e escorregar sozinha, com um sorriso orgulhoso no rosto o tempo todo. Quando chegou lá embaixo, voltou correndo para a escada para começar tudo de novo. O pai até a usou como exemplo para argumentar que seu menino de 2 anos poderia escorregar sozinho. A mãe concordou, e o filho pareceu amedrontado ao se posicionar para descer desacompanhado. A mãe, por sua vez, correu para apanhá-lo assim que saísse do brinquedo, e os três foram brincar em outra parte do playground. Nem era um escorregador tão íngreme.

Ouvi dizer que alguns profissionais de educação se referem a pessoas assim como "mãe helicóptero", porque ela fica rondando a criança, sempre pronta para entrar em ação.[57] Eu adoro esse termo, porque o considero muito expressivo e se encaixa perfeitamente na discussão que proponho sobre resolução de problemas. Pelo que sei, os pais helicóptero são os que intervêm para resolver os problemas dos filhos, e existem pesquisas que indicam que isso pode ter efeitos negativos sobre o preparo da criança para a idade adulta. Por exemplo, quando chegam à faculdade, os filhos de pais helicóptero demonstram uma propensão maior à depressão.[58] Subir a escada e descer pelo escorregador não é um problema dos mais significativos, embora represente um perigo de ferimentos, mas solucioná-lo ajuda uma mente em formação a se desenvolver. Não sei nada sobre aquela família do parque além do que pude observar nesse breve momento, mas fico pensando na expressão de orgulho no rosto da minha filha naquele dia e no olhar de medo daquele pobre menino. Isso pode acabar se tornando fundamento para futuras características de personalidade.

Nós tentamos dar à nossa filha liberdade suficiente para explorar o ambiente e cometer erros, mas ela sabe que sempre estamos por perto quando precisa de nós. Como resultado (e gostamos de pensar que temos alguma responsabilidade nisso), com pouco mais de um ano e meio ela jamais recua diante

---

57 O termo é atribuído a Foster Cline e Jim Fay. Para mais informações, ver o livro dos dois: Cline, Foster; Fray, Jim. *Parenting with Love and Logic:* Teaching Children Responsibility. Illinois: Tyndale House, 2006.

58 Schiffrin, Holly H.; et al. Helping or Hovering? The Effects of Helicopter Parenting on College Students' Well-Being. *Journal of Child and Family Studies*, v. 23, n. 3, 2014, pp. 548-557.

de um desafio. Naquela noite em Nova York, Sarah e eu levamos Alyssa para um passeio na Times Square, porque é isso que todo mundo faz quando está com um bebê em Manhattan. No caminho, passamos por uma grade enorme do metrô no chão. Se você nunca foi a Nova York, não perca essa chance! Mas o que você pode não saber é que existem dutos de ventilação na enorme malha metroviária bem no meio da calçada, para permitir que o ar saia dos túneis, aliviando a pressão lá embaixo e às vezes fazendo subir a saia de Marilyn Monroe. Da perspectiva de uma pessoa comum, é só uma grade na calçada em que a pior coisa que pode acontecer é derrubar suas chaves lá embaixo, mas para uma bebê que não conhece a cidade pode muito bem ser um abismo em queda livre cheio de jacarés no fundo. Nos aproximamos da grade de mãos dadas, e dois de nós não demos a menor bola para aquilo. Assim que chegamos mais perto, Alyssa se recusou a dar mais um passo que fosse. A profundidade da abertura a assustou, então contornamos a grade. Em seguida passamos por outra, na própria Times Square, e dessa vez Alyssa nos puxou até lá. Como se estivesse testando o terreno, pisou com um pé na grade e depois o retirou. Logo depois, tentou de novo. Quando notou que não sofreria uma queda mortal, deu alguns passos e então voltou. Depois se arriscou a dar mais alguns passos. Por fim, nos pegou pela mão e nos conduziu por cima da grade com uma dancinha triunfal. Passado um tempo, nós precisamos praticamente arrastá-la lá de cima. Ela é uma menina que sabe que precisa encarar seus medos, e é esse comportamento que vale a pena cultivar.

PARA AJUDAR A DEIXAR TUDO BEM CLARO:

- A melhor forma de ensinarmos uma criança a lidar com estresse é demonstrar comportamentos resilientes em sua presença e tentar guardar nossa raiva e nossas preocupações apenas para nós mesmos.
- Permita às crianças a oportunidade de resolver seus próprios problemas. Ofereça ajuda e apoio, mas dê a elas uma chance de tentarem sozinhas, mesmo que de início elas não consigam.

Como pai, considero muito difícil deixar as crianças serem crianças. Sarah e eu precisamos fazer concessões; queremos que nossa filha esteja em segurança, mas que também tenha a liberdade para se machucar (desde que não seja nada grave). Não é fácil encontrar esse equilíbrio.

Uma das coisas que desconfio ter contribuído para a resiliência que meu irmão e eu desenvolvemos foi mais circunstancial do que uma estratégia deliberada de nossos pais, mas é bem provável que tenha nos ajudado a desenvolver nossa capacidade de resolver problemas. Como mencionei antes, fomos criados em um lar militar. Meu pai fez carreira na Força Aérea dos Estados Unidos, e isso nos proporcionou diversos benefícios; no entanto, esse estilo de vida também significava que nos mudávamos com mais frequência do que a maioria das famílias. A cada quatro anos, íamos para uma cidade diferente. Antes de eu completar 18 anos, já havíamos morado em três lugares diferentes: Estados Unidos da América, Alemanha e Flórida.

Mudar de casa tantas vezes tem suas desvantagens. Em especial em uma era pré-internet, era difícil manter amizades duradouras, do tipo que começa na infância e chega até o altar, com seus melhores amigos como padrinhos de casamento. Era impossível criar raízes ou se sentir parte da comunidade. Por outro lado, as experiências mais do que compensavam as desvantagens desse estilo de vida. Quando entrei no ensino médio, já conhecia a Europa inteira e era mais vivido do que a maioria do pessoal da minha idade.

As vantagens mais significativas de mudar com frequência na infância provavelmente têm relação com nossa capacidade de resolver problemas. Cada novo ambiente traz desafios a serem superados, e desde cedo tive que aprender a solucionar vários problemas a cada remoção do meu pai. De quatro em quatro anos eu precisava me acostumar com a geografia de uma nova casa, de um novo bairro e de uma nova comunidade. Tinha que arrumar novos amigos e me acostumar com uma escola nova, com professores e culturas bem diferentes. Quando fui morar no Alabama, me lembro de descobrir uma coisa chamada "po'boys", que era bem parecida com o que chamávamos de "sanduíches" no norte do estado de

Nova York. Quando voltei, fiquei sabendo que, por algum motivo, em Nova York as pessoas achavam que todo mundo no Alabama passava o tempo todo com um banjo equilibrado nos joelhos. Pelo menos uma vez, precisei descobrir como me virar em um país estrangeiro e aprender um novo idioma. A cada vez que meu pai mudava de posto, meu mundo era virado do avesso e surgia um monte de problemas para eu resolver. Às vezes eu conseguia, às vezes não dava muito certo, mas ao longo da vida fui ficando muito bom em solucionar problemas.

Devo salientar que isso não é um conselho muito prático para a maioria das pessoas. Quer criar filhos resilientes? Mude de cidade a cada quatro anos. Ah, então tá.

Mas algo que podemos fazer é reconhecer as possíveis vantagens de dar uma sacudida nas coisas de vez em quando. Não precisamos mudar de cidade ou de país o tempo todo, mas podemos mudar as experiências que vivemos. Quanto mais coisas vivenciamos, mais nosso cérebro aprende a encarar e superar os problemas que enfrentamos. Incentive seu filho a tentar praticar um esporte diferente e depois, talvez, aprender a tocar um instrumento, ou a pintar ou a pesquisar sobre um assunto pelo qual demonstre interesse. Aliás, esse é um bom conselho para qualquer idade. Eu mudei muito de casa quando criança e sinto que esse estilo de vida ajudou a contribuir para a minha resiliência. E posso dar um exemplo disso.

Escrevi o relato a seguir uns quinze anos atrás sobre uma experiência que tive quinze anos antes disso. Além de ter aparecido em um fanzine minúsculo, esta é a primeira vez que está sendo publicado.[59] Pensando a respeito da minha vida, sempre considerei este um bom exemplo de como eu superava os desafios, tanto os concretos como os metafóricos, das mudanças constantes de ambiente.

Eu mal tinha começado o segundo ano do ensino médio quando saí dos arredores de Nova York para ir viver em uma comunidade rural perto

---

[59] A história foi escrita originalmente para um *fanzine underground* com uma circulação limitadíssima e restrita à cidade de Pittsburgh, na Pensilvânia. A versão reproduzida aqui foi ligeiramente editada.

de Austin, no Texas. Criado na cidade e apaixonado por tudo o que era relacionado ao ambiente urbano (eu inclusive fazia um curso na escola chamado "Estudos da Big Apple"), digamos que não me adaptei logo de cara. O choque cultural foi potente o bastante para ser medido na escala Richter.

Eu era um moleque punk da cidade em uma escola cheia de gente de calças jeans apertadas, botas, chapéus de caubói e vestidos longos e esvoaçantes. Ou seja, texanos.

Em algum momento na minha segunda semana por lá, a professora leu uma lista com os nomes, todos desconhecidos para mim, dos alunos que representariam a turma do segundo ano nas competições do evento de boas-vindas daquele ano no colégio. Depois de ouvir a tediosa ladainha e ver meus colegas se cumprimentarem a cada nome citado, ela encerrou a lista com a sugestiva frase: "E ainda não temos ninguém do segundo ano na competição de quem come mais jalapeños".

Ora, que tal, hein? Comer era uma coisa que eu fazia bem. Nunca tinha comido essa coisa de *ra-la-pe-nho* antes, mas e daí? Levantei a mão e falei para a professora me inscrever como o representante do segundo ano no concurso de comer jalapeños. Assim que meu nome foi colocado no papel, eu me vi cercado por todos os caubóis e mexicanos da classe, que me encheram de perguntas. "Cara, tem certeza de que você dá conta?" "Não tem pimenta lá em Nova York, não?" "Você sabe como elas são ardidas, né?" "*Son muy calientes!*"

Depois dessa conversa na sala de aula, não ouvi mais nenhum comentário a respeito pelo resto da semana. Voltei à minha vida de relativo anonimato como forasteiro. Eu ia às aulas, circulava pelos já conhecidos corredores e caminhos de terra que levavam às construções "provisórias" onde tínhamos aulas de arte e onde eu passava a maior parte do meu tempo livre. Ali por perto, havia alunos criando animais de competição, e a maioria estava empolgada com as disputas, ostentando as cores da escola e treinando para o que quer que fossem fazer. Percebi que algumas meninas estavam andando com crisântemos texanos de tamanho absurdo pregados nas camisas e arrastando fitas e amuletos por aí. Já eu não me sentia nem um pouco motivado por aquelas demonstrações de espírito coletivo, não tinha o menor interesse nos estudos, mas com certeza ia mandar ver naqueles jalapeños. [...]

No fim, acabei descobrindo que no Texas os eventos de boas-vindas nos colégios são uma coisa importante. Um evento gigantesco, na verdade. Cada dia seria uma celebração não só das coisas relacionadas ao colégio, mas à comunidade também. Os pais, os ex-alunos (formados ou não) e todo tipo de gente compareciam para acompanhar a programação ao longo da semana. Fiquei impressionado ao ver o mar de rostos reunidos no ginásio quando assumi minha posição para participar do concurso.

À minha esquerda estava o aluno do primeiro ano: um mexicano moreno, baixinho e roliço com roupas apertadas de faroeste. À direita, o do terceiro ano: um caipira alto e branquelo vestido de caubói da cabeça aos pés, com direito inclusive a uma fivela gigante de rodeio para segurar o barrigão de cerveja. Olhando em retrospectiva, pode parecer estranho um estudante de ensino médio ter uma pança de chope, mas esse tipo físico era bem comum no meu colégio. O representante do quarto ano estava mais à direita e não tinha a mesma aparência marcante dos demais: era só um mané que não parecia um competidor nada ameaçador.

As regras eram simples: cada um teria uma tigela de pimentas e sessenta segundos para comer quantas conseguisse. A cada jalapeño mandado para dentro precisávamos guardar o caule, e a pessoa com mais caules ao final daquele minuto seria a vencedora. Seria moleza, sem sombra de dúvida.

Os jurados então abriram uma lata tamanho família texana de jalapeños enormes e deixaram uma tigela cheia daquelas desgraças na frente de cada um. Só de respirar perto da lata já sofri uma queimadura química no interior do nariz, e percebi que sem querer tinha me candidatado para um castigo físico severo. Fala sério, eu era do tipo que considerava o sal um tipo de pimenta, e o sabor mais intenso que já havia provado devia ser o do ketchup. Mas lá estava eu, um nova-iorquino mais do que perdido ali, no meio de duas máquinas sulistas de comer com estômago de aço, prestes a sofrer uma tortura gastrológica em nome de uma turma com a qual não tinha nenhuma afinidade em uma escola onde sequer gostaria de estar.

"Já!"

O início do concurso me pegou de surpresa, mas logo peguei meu primeiro jalapeño pelo caule e o enfiei na boca. Mordi a ponta e tentei engolir a pimenta inteira, imaginando que, se nada do caldo vazasse na minha língua, eu ficaria bem, mas aquela coisa era grande demais para isso. Dei uma mordida e engoli as duas metades daquele suco de fogo, tentando esconder ao máximo a língua e suas sensíveis papilas gustativas na lateral da boca, longe do fluido venenoso que eu havia acabado de liberar. Quando minha mão direita colocou o caule na tigela de pimentas engolidas, a esquerda logo enfiou outra na minha boca.

Meu plano parecia estar funcionando. Desde que eu conseguisse mandar as pimentas para a garganta com o menor contato possível com a língua, elas não eram tão ruins. Comecei a suar, sujei toda a minha camisa de caldo de jalapeño e fiquei com ânsia de vômito enquanto ia engolindo uma pimenta após a outra, mas pelo menos minha boca não estava em chamas. E, o mais importante, eu parecia estar conseguindo manter o ritmo dos outros competidores. Um após o outro, eu engolia os jalapeños inteiros, menos o caule, fazendo de tudo para ignorar meu nível cada vez maior de desconforto.

Enquanto o relógio corria, senti um ardor subindo para a minha boca. O que começou só com um palito de fósforo e uma pequena chama logo se transformou em um incêndio de grandes proporções logo atrás das minhas gengivas. Precisei me segurar ao máximo para não chorar enquanto continuava com meu regime de alimentação forçada.

"... e... *acabou!*"

Fiquei aliviadíssimo ao ver chegarem ao fim os sessenta segundos mais longos da minha adolescência. Depois do concurso eu estava cuspindo chamas, que tentava em vão aplacar com água enquanto os jurados contavam os caules de cada participante. Eu estava lá, transpirando de agonia, e então percebi que os outros não pareciam ter sido tão afetados pelas pimentas como eu. Vai entender.

Quando a contagem final foi anunciada, os jurados determinaram que eu tinha comido vinte e sete jalapeños inteiros em um minuto. Eu ganhei. Um viva para a turma do segundo ano. O mexicano ficou em segundo, seguido pelo caubói, e nenhum dos dois chegou nem perto da minha marca.

Depois do concurso, precisei ir me limpar e cheguei atrasado na volta para a sala, onde fui recebido com aplausos sinceros e entusiasmados. E não parou por aí. Pelo resto do dia recebi parabéns, tapinhas nas costas, cumprimentos e outros tipos de reconhecimento dos meus colegas. Fiz novas amizades e fui convidado para todos os tipos de festas e eventos. Estava passando mal, claro, com a boca ardendo, mas, pela primeira vez desde que saí de Nova York, me senti aceito.

Não foi exatamente um rodeio, mas eu competi com os texanos em um jogo proposto por eles e saí vencedor. Em apenas sessenta segundos, fiz a transição de forasteiro a caubói, e não foi preciso nada além do que algumas pimentas ardidas.

Olhando para trás trinta e tantos anos depois, eu não diria que esse acontecimento mudou minha vida ou foi um ponto de virada para mim, mas talvez tenha, sim, feito parte de algo maior. Eu me apaixonei pelo Texas e continuei em Austin depois de sair do colégio para fazer faculdade. Assimilei um pouco da cultura texana também. No momento em que escrevo estas linhas, estou de botas e calça Wrangler, tenho uma coleção de chapéus de caubói no meu cabideiro e até escuto um pouquinho de música country.

Além disso, esse relato mostra como uma vida inteira de mudanças e diferentes experiências me ajudou quando foi preciso me adaptar ao meu novo ambiente. Como um garoto com problemas para encontrar seu lugar em um novo colégio, eu percebi quando a oportunidade se apresentou e resolvi agarrá-la. Em última análise, esse acontecimento provavelmente ajudou a plantar a semente de algo que teria uma grande influência sobre a minha vida. Eu tomei gosto pela ideia de receber a atenção do público (e por comidas condimentadas), e isso contribuiu para minha carreira como professor, palestrante e, por fim, comediante. E até hoje eu gosto de jalapeños.

E PARA VOCÊ QUE PULOU A PARTE DOS JALAPEÑOS:
- Quanto mais coisas vivenciamos, melhor nosso cérebro aprende a resolver problemas.

8

Praticando o pensamento positivo

A essa altura você pode estar pensando: "Então o estresse é tudo coisa da nossa cabeça?". Ora, claro, uma parte é fruto dos nossos pensamentos, mas não se esqueça de que existem alguns fatores de estresse reais no mundo: ursos atacando, vans pifando no meio do México, você se adaptando a escolas novas, ou coisas ainda piores. Às vezes a vida nos coloca em situações de merda. Às vezes não dá para fazer nada a respeito. Mas é possível fazer alguma coisa sobre o efeito que isso causa em você.

A única parte do seu cérebro que você controla voluntariamente é a atividade do seu córtex pré-frontal, seus pensamentos, que influenciam tanto os comportamentos como as emoções. É importante entender isso para poder promover mudanças. Se tudo soa simples demais para você, é porque de fato é. A chave para produzir algumas transformações bastante significativas na nossa vida é fazer certas adaptações na nossa forma de pensar. Nós temos uma tendência de considerar nossa vida, nossos problemas e nossos assuntos extremamente complicados, e, portanto, resolver isso exigiria uma solução complexa. Mas mudar pode ser simples, só não é fácil.

Afirmar que uma coisa é simples não é a mesma coisa que dizer que é fácil. É importante entender essa diferença. Muitos dos nossos problemas têm soluções simples, mas difíceis de implementar. Por exemplo, uma das perguntas mais comuns que me fazem, além das relacionadas ao estresse, é se tenho algum conselho sobre como perder peso. O que é uma grande ironia, e caso pudesse me ver pessoalmente você entenderia. Não sou exatamente a imagem da boa forma física, mas estudei bastante o assunto e sei um bocado a respeito. Claro, existem milhares de dietas a seguir e uma infinidade de livros para explicá-las – ora, se este livro for parar na seção de autoajuda, muitos deles podem inclusive virar meus vizinhos. Mas, seja lá o que for que esses livros estejam tentando vender, na verdade a chave para a perda de peso é bem simples: coma menos e se exercite mais. O problema é que isso renderia um livro bem curto. Comer menos e se exercitar mais não é um conceito complicado, mas está longe de ser fácil de fazer, e talvez seja aí que esteja o valor desses livros: cada um sugere uma maneira diferente de fazer isso.

As pessoas também me perguntam como parar de fumar, e a resposta é simples: pare de acender cigarros e colocá-los na boca. Pois é, mas como fazer isso? Sei lá, que tal parar de comprar? Este não é um livro sobre como largar o cigarro. A questão é que 100% dos fumantes que conheço sabem exatamente como parar de fumar, o problema é que implementar esse conhecimento é muito, muito difícil. Tem gente que também me pergunta como parar de beber ou usar drogas... Nós precisamos mesmo de mais exemplos aqui? As respostas são simples, colocá-las em prática é que é difícil. Isso explica por que, mesmo eu sendo alguém que não apenas sabe qual é o princípio envolvido na perda de peso como também estudou em detalhes os mecanismos cerebrais por trás do apetite, ainda estou acima do peso.[60] Uma pessoa em uma palestra uma vez me pediu conselhos sobre como perder peso, e dei minha resposta de sempre: "Coma menos e se exercite mais". Ao que ela respondeu: "Tem como ser de outro jeito? Porque eu gosto muito de comer e detesto fazer exercícios!".

---

[60] Mas, no momento em que escrevo estas linhas, fico feliz em informar que, mesmo depois da comilança do Dia de Ação de Graças e de ajudar minha filha a terminar seus doces do Halloween, estou com 16 quilos a menos de sobrepeso em relação ao ano passado.

As pessoas me perguntam como ser mais felizes, e eu respondo que é preciso controlar o estresse. Saber lidar com o estresse e se tornar mais resiliente é uma resposta simples, mas com certeza isso não é nada fácil. Considerando só o que já mencionei até aqui, precisamos aprender a diferenciar uma situação de fato ameaçadora de outras que sejam apenas irritantes ou inconvenientes, sentir que estamos no controle e desenvolver nossa capacidade de resolver problemas. São lições relativamente simples de aprender, mas todas exigem esforço, prática e tempo. Não existe uma solução mágica que possa nos conceder do dia para a noite a capacidade de manter a calma, por mais que desejemos isso. Mas não seria ótimo? Seria maravilhoso se houvesse algum segredo milagroso, entretanto, para a perda de peso, a resiliência em relação ao estresse e a maioria das mudanças a resposta está bem na nossa cara, e não é nada bonita. Só que, infelizmente, é a única que funciona.

Embora sejam necessários tempo e esforço para se tornar resiliente, a boa notícia é que existem algumas coisas relativamente fáceis que podemos incorporar à nossa rotina para nos ajudar a chegar lá. É o que eu chamo de *praticar o pensamento positivo*. Nesta seção, vou apresentar técnicas que podem ajudar a minimizar os pensamentos que causam estresse e ao mesmo tempo fortalecer os que geram maior resiliência. Existem alguns exercícios mentais que podemos fazer para proporcionar ao lado esquerdo do nosso córtex pré-frontal um nível de atividade extra.

TRÊS MANEIRAS DE O PENSAMENTO POSITIVO AJUDAR VOCÊ A SER MAIS RESILIENTE AO ESTRESSE:

1. Ensinando-o a ser mais otimista.
2. Ensinando-o a valorizar mais aquilo que tem.
3. Ajudando-o a ter senso de humor.

Viu só? Simples e fácil! Certo, agora vou explicar isso com mais detalhes.

Em primeiro lugar, me acompanhe em um pequeno exercício: imagine como a vida poderia ser no futuro. Você visualiza um mundo utópico, que resolveu todos os problemas mais urgentes, como superpopulação, distribuição de recursos, descarte de detritos, poluição e transporte? Ou pensa em um futuro distópico, em que as coisas se tornaram tão problemáticas que o mundo se tornou praticamente inabitável? Em outras palavras, o futuro que você imagina é mais parecido com *Jornada nas estrelas* ou *Wall-E*? Se você vê um futuro promissor, tende a ser mais otimista; se o seu futuro parece mais desolador, então, bom, provavelmente otimista você não é. Eu vejo um futuro promissor. Reconheço que temos sérios problemas a encarar, como as mudanças climáticas e a desigualdade econômica, mas também sei que como espécie nós somos muito resilientes. Sobrevivemos a pragas, a guerras mundiais (duas delas, pelo que me disseram!), a crises econômicas globais, ao lançamento de *Emoji: o filme* e a todo tipo de desastres naturais, e todas as vezes fomos à luta como um Capitão América coletivo, dizendo: "Pode mandar vir mais!". Não sei se vamos resolver nossos problemas, mas tenho a confiança de que, de alguma forma, alguns de nós vamos resolver alguns deles. Esse ponto de vista me coloca na categoria dos otimistas. Conheço muita gente com bem menos fé, que acredita que o dano que causamos é irreversível, ou que a natureza humana é autodestrutiva e estamos condenados a ver mais um *Emoji: o filme*.

Eu já falei aqui que sou uma pessoa feliz. Também disse que sou uma pessoa resiliente, e como você sabe as duas coisas estão interligadas. Onde será que o otimismo se encaixa nisso? Bem, para começar, o pensamento otimista tem uma correlação direta com a felicidade. Pessoas otimistas são mais felizes, e pessoas felizes são mais otimistas. Os otimistas também são mais resilientes, menos afetados pelo estresse e se preocupam com menos frequência. Tudo isso deve fazer sentido para você, considerando tudo o que já mencionei aqui. A resiliência e a felicidade são fruto dos tipos de pensamento que temos, e o otimismo é uma forma de pensar. Então, sim, o pensamento otimista colabora tanto para a resiliência como para a felicidade. Posso não ser o maior otimista do mundo, mas com certeza me considero um.

O otimismo também é uma reação. O cérebro tem um ampla gama de reações possíveis. Quando nos deparamos com um estímulo, por exemplo uma informação, podemos reagir de forma positiva ou podemos nos preocupar. A preocupação é uma forma de pensamento pessimista. A depender do que ocorre com maior frequência e, portanto, é nossa reação mais provável, podemos nos identificar como otimistas ou pessimistas. No entanto, a maioria de nós fica em algum ponto intermediário dessa dicotomia, embora possamos nos inclinar mais para um lado do que para o outro. Vou aproveitar para contar um segredinho para você: pessoas otimistas têm pensamentos pessimistas o tempo todo. Mesmo os mais otimistas entre nós são atormentados por pensamentos negativos; a diferença é que eles não ficam ruminando essa negatividade.

Acho que para quem se preocupa demais deve ser difícil imaginar o pensamento otimista como alternativa, mas é possível. Muita gente costuma me dizer que se sente na obrigação de se preocupar. Eu sempre digo que provavelmente isso não é verdade, já que os estímulos que exigem de fato preocupação não são muitos. Existem sempre outras reações possíveis. Por exemplo, alguns capítulos atrás eu contei que a minha mãe ficava preocupada quando eu saía de bicicleta. Se eu demosse para voltar, ela ficava com medo de que eu tivesse sido atropelado por um carro ou estivesse morto em uma vala em algum lugar. O estímulo nessa situação era a percepção de que meu horário esperado de retorno havia passado, mas eu ainda não tinha chegado em casa; obviamente, a reação era a preocupação. Pode fazer sentido para uma mãe ou um pai se preocupar com os filhos, mas essa não é a única reação possível a esse estímulo. Uma pessoa otimista poderia reagir ao mesmo estímulo de uma forma bem diferente: "Ah, olha só, meu filho ainda não voltou. Quer saber, aposto que ele está se divertindo um bocado. Provavelmente perdeu a noção da hora, e os celulares ainda não foram inventados. Quando ficar com fome, ele deve aparecer". Exatamente o mesmo estímulo, duas reações diferentes. Você não precisa necessariamente se preocupar.

A não ser que já seja *bem* tarde e a criança ainda não voltou. Nesse caso, convém se preocupar. Ou se preocupe quando achar que deve; você conhece seu filho bem melhor que eu. Às vezes, a preocupação é uma reação apropriada.

Se você é uma pessoa preocupada, provavelmente não é muito otimista (nem feliz, nem resiliente), mas não se desespere (pelo menos não mais do que o normal): é possível aprender a ser otimista praticando. E, como mencionei antes, isso não é tão difícil. Agora vamos imaginar o futuro de novo, só que desta vez pensando que tudo aconteceu exatamente do jeito que você queria. Como é esse futuro? Descreva tudo de forma tão detalhada quanto possível. Agora anote o que pensou em um diário e repita o exercício na semana seguinte, se concentrando em outro aspecto da sua vida (como sua carreira ou seus relacionamentos). Caso você tenha feito o que pedi, e eu sei que provavelmente não fez (mas deveria!), então acabou de realizar uma variação de um exercício chamado "atividade das melhores versões possíveis do eu", originalmente formulada pela dra. Laura King (não, ela não é minha parente).[61] Essa atividade, que não envolve nada além de escrever em um diário uma vez por semana, comprovadamente aumenta a frequência de pensamentos otimistas.[62]

A atividade das melhores versões possíveis do eu se resume simplesmente a manter um diário. Você não precisa escrever bem, não precisa escrever muito e obviamente não precisa prever o futuro (mas sem dúvida seria o máximo se conseguisse). Só o que precisa fazer é reservar um tempinho para forçar seu cérebro a ter pensamentos positivos sobre o futuro, algo que, caso não seja muito otimista, você deve reconhecer que não é uma coisa que seu cérebro faz com muita frequência. Na verdade, talvez você não precise nem escrever, basta pensar, mas o exercício de manter um diário ajuda a manter o foco.

- Exercícios estruturados que envolvem a escrita em um diário podem nos ajudar a ser mais otimistas, o que por sua vez pode nos ajudar a lidar com o estresse.

---

61 King, Laura A. The Health Benefits of Writing about Life Goals. *Personality and Social Psychology Bulletin*, v. 27, n. 7, 2001, pp. 798-807.

62 Para uma boa análise com embasamento científico, ver: Loveday, Paula M.; Lowell, Geoff P.; Jones, Christian M. The best possible selves intervention: A review of the literature to evaluate efficacy and guide future research. *Journal of Happiness Studies*, v. 19, n. 2, fev. 2018, pp. 607-628.

Praticando o pensamento positivo

Lembre-se de que não se trata de uma panaceia que vai transformar radicalmente sua vida da noite para o dia. Se você for à academia e fizer uma única série de um exercício com um haltere, não vai sair com um braço sarado. Vai precisar fazer centenas de repetições durante um bom tempo para obter o resultado desejado – que pode parecer estranho caso você se esqueça de exercitar o outro braço. Escrever um diário não vai tornar você imediatamente otimista, mas a prática do pensamento positivo com regularidade vai impactar sua forma de pensar.

Muito bem, agora vamos tratar de como podemos valorizar mais aquilo que temos. Nas últimas décadas, houve um aumento significativo na quantidade de pesquisas acadêmicas sobre a felicidade. Como resultado, temos mais conhecimentos sobre o que torna algumas pessoas mais felizes que outras e como podemos ser mais felizes. Um comportamento que as pessoas mais felizes adotam com maior frequência do que as menos felizes é expressar sentimentos positivos. O amor, por exemplo, é um sentimento muito positivo, que a maioria de nós sente pelas pessoas com quem convivemos. No entanto, nem todos expressamos da mesma forma esse sentimento. Alguns quase nunca dizem como se sentem, ao passo que existem também aqueles que expressam livremente seus sentimentos positivos. Temos uma palavra para definir essas pessoas – nós as chamamos de "felizes".

Lembre-se de que nossos pensamentos influenciam nossos sentimentos. Expressar verbalmente nosso amor ou nosso apreço por alguém exige primeiro levar esse pensamento à cabeça, o que nos deixa felizes. Mas não se preocupe se você não conseguir demonstrar uma emoção tão intensa quanto o amor. Seja amor, apreço, admiração ou gratidão, basicamente qualquer sentimento positivo sincero pode causar um impacto na sua vida. Nós estimulamos nossos pensamentos positivos quando expressamos com maior frequência nossos sentimentos às outras pessoas. De todos os conselhos que tenho a chance de oferecer às pessoas, este é o meu favorito: expresse mais vezes seu amor pelas pessoas que ama. Além disso, como um bônus, isso costuma ter o efeito colateral bem bacana de deixar a outra pessoa mais feliz também.

Aproveito também para enfatizar a palavra "sincero", que foi mencionada no parágrafo anterior. É algo que precisa ser levado a sério. Por favor, não saia por aí falando para um monte de pessoas aleatórias sobre o amor que sente por elas. Tenho quase certeza de que isso não vai produzir o efeito desejado. E também não é minha intenção fornecer inspiração para um bando de conquistadores baratos.

Por mais que eu defenda expressar o amor e a gratidão que sentimos pelas pessoas que fazem parte da nossa vida, existe um limite para isso antes que a coisa comece a ficar chata. O exagero é algo a levar em conta, mesmo no que diz respeito a expressões de sentimentos positivos. Além disso, nem todo mundo vive cercado de pessoas que ama ou por quem sente gratidão. E talvez ainda nem seja o seu momento de fazer isso. Algumas pessoas se sentem desconfortáveis para se expressar desse modo, e uma recomendação para tomar atitudes assim pode lhes parecer uma perspectiva assustadora (e estressante). Lembre-se: se um assunto como a felicidade se torna uma coisa estressante, é porque você está fazendo tudo errado. Se só de pensar em adotar um comportamento que pode promover sua felicidade já causa estresse, então é melhor encontrar outra atividade que estimule o pensamento positivo.

Felizmente, a psicologia positiva nos propõe algumas atividades alternativas muito boas. Minha favorita, e a que recomendo com frequência em minhas palestras, em conversas e até na minha vida pessoal, é a prática de fazer um diário da gratidão. Existem diferentes formatos para a atividade, mas prefiro o simples ato de encerrar o dia listando três ou mais coisas pelas quais me sinto grato naquele momento. Muitas vezes isso também é chamado de "exercício das três coisas boas" – afinal, do que mais poderiam chamar?[63] Algumas pessoas anotam três coisas pelas quais se sentem gratas, outras preferem refletir todos os dias sobre tudo o que têm de bom na vida, mas isso são apenas variações do mesmo tema. Provavelmente você já deve ter ouvido falar nisso, porque virou uma atividade bastante popular.

---

63 Seligman, M. E. et al. Positive Psychology Progress: Empirical Validation of Interventions. *American Psychologist*, v. 60, n. 5, 2005, pp. 410-421.

Costuma ser recomendada por terapeutas, e as celebridades sempre comentam a respeito. Por exemplo, o ator de *Frasier*, Kelsey Grammer, e o ator de *Guardiões da Galáxia*, Chris Pratt, praticam exercícios de gratidão.[64] O músico Willie Nelson, orgulho do Texas e o cidadão mais querido de Austin, revelou que essa prática mudou sua vida.[65] A atriz Emma Watson escreveu sobre seu hábito de manter um diário: "Eu adoro a ideia de começar meu dia listando três coisas por que me sinto grata. Eu acredito muito no poder transformador da prática da gratidão".[66] E, como se as palavras de Hermione Granger não bastassem, Oprah Winfrey conta que vem praticando a gratidão há mais de uma década e que, apesar de sua agenda apertada, sempre encontra tempo para anotar cinco coisas por dia![67]

Pessoalmente, não consigo pensar em uma forma mais fácil de ficar mais feliz do que listar três coisas boas ao fim do dia. Não demora nem cinco minutinhos, e o potencial de retorno por esse tempo e esforço mínimos é incrível. Todos nós, sejam quais forem as circunstâncias, podemos encontrar três coisas para nos sentir gratos em um dia qualquer. Mesmo nos piores dias, existem coisas a serem apreciadas. Na verdade, é nesses dias que o exercício pode ser mais útil por nos lembrar que, apesar de toda a chatice com que precisamos lidar, ainda existem coisas boas na nossa vida.

Desde que comecei a viajar pelo país dando palestras, eu recomendo essa prática para o meu público. Portanto, "desafios de gratidão" em diferentes formatos começaram a pipocar com frequência no meu feed do Facebook. O mais comum são desafios de sete dias, mas às vezes os períodos podem ser de vinte e um ou até trinta dias. Quando comecei a ver isso, imediatamente reconheci a fonte e senti um ciuminho inevitável por não ter tido essa ideia eu mesmo. É

---

64 Kaplan, Janice. What Really Makes Celebrities Grateful? *Time*, 18 ago. 2015. Disponível em: <https://time.com/4002315/jake-gyllenhaal-gratitude-celebrity/>.
65 Nelson, Willie; Pipkin, Turk. The Tao of Willie: A Guide to the Happiness in Your Heart. Nova York: Penguin, 2007.
66 Book Club with Emma Watson: The Actor Shares her Ultimate Reading List. *Vogue Australia*, 8 mar. 2018. Disponível em: <http://vst.to/wih77BH>.
67 Winfrey, Oprah. What Oprah Knows for Sure about Gratitude. *O: The Oprah Magazine*, nov. 2012. Disponível em: <http://www.oprah.com/spirit/oprahs-gratitude-journal-oprah-on-gratitude>.

absolutamente brilhante! Já que todo mundo vai perder tempo no Facebook mesmo, então é melhor fazer alguma coisa que deixe as pessoas felizes. Sabe como é, entre uma e outra foto das suas refeições. Ou junto. Para algumas pessoas, o Facebook funciona assim: "Este foi o meu café da manhã... Este foi o meu almoço... Este foi o meu jantar... E estas são as três causas de gratidão de hoje: o café da manhã, o almoço e o jantar".

Na verdade, faz sentido; o Facebook foi criado para ser usado para ser uma espécie de diário breve. Eles podem chamar o que você coloca lá de "atualização no feed", mas na verdade é uma entrada em um diário. Na minha opinião, porém, a verdadeira vantagem de praticar gratidão no Facebook é que tudo ali é compartilhado com nossos familiares e amigos (e aquele cara do colégio de quem você nem lembra direito, mas que aceitou adicionar como amigo mesmo assim). Quando você mantém um diário de gratidão, ele colabora para sua felicidade, mas compartilhá-lo publicamente traz todo um elemento adicional. As pessoas comentam, validam sua experiência e se inspiram a fazer o mesmo.

Nas minhas palestras, comecei a instigar as pessoas a fazer isso e, como tenho o costume de pôr em prática aquilo que aconselho, passei a escrever minhas postagens de gratidão no Facebook. Originalmente, a intenção era só apresentar um modelo de como fazer o exercício, mas considerei a atividade tão recompensadora que continuei fazendo todos os dias (com algumas poucas exceções) por mais de três anos. Na verdade, só parei porque comecei a escrever este livro e pretendo voltar assim que termináp-lo. Veja bem, eu ainda mantenho um diário de gratidão, só diminuí o tempo que fico nas redes sociais para fazer meu trabalho render. Inclusive, aqui está o que escrevi hoje para você ver como eu faço esse exercício.

TRÊS COISAS PELAS QUAIS ME SINTO GRATO HOJE, 4 DE DEZEMBRO:
1. O apartamento que estamos alugando fica perto de vários parques e playgrounds legais. Percebi que no inverno de Denver o frio é meio intermitente, e hoje estava até agradável, então Alyssa e eu fomos a um dos parques e brincamos no playground.

2. Sarah encontrou um ótimo lugar para ficarmos no mês que passaremos na Flórida. É na zona rural no norte do estado, em uma fazenda com vários tipos de animais. Estamos empolgados porque nunca moramos na zona rural antes, e acho que vai ser bem divertido para Alyssa.
3. Apesar de ter vindo a Denver pouco tempo atrás com meus pais, meu irmão Jon pretende voltar e passar o Natal com a gente, no Colorado. Vai ser legal vê-lo de novo e ter mais gente com quem passar as festas.

Pronto, só isso. Sempre considero útil acrescentar uma pequena explicação do motivo por que me sinto grato pelos itens da lista. Uma coisa importante nesse exercício é se concentrar naquele dia específico. Se você colocar três coisas pelas quais sente gratidão em termos gerais, sua lista vai ser sempre igual. Por exemplo, uma pessoa que aceitou meu desafio postava "minha saúde, meu marido, meus filhos" todos os dias. Tornando a coisa mais específica, você força seu cérebro a refletir sobre as coisas positivas vividas recentemente, exercitando assim o lado esquerdo do seu córtex pré-frontal. E o objetivo é justamente esse.

Aliás, caso ainda não tenha percebido, estou convidando oficialmente você para o desafio da gratidão no Facebook. Por um período de no mínimo sete dias, escreva três coisas pelas quais sente gratidão e desafie outras pessoas a fazer o mesmo. Ao final dessa semana, você pode notar que está mais feliz. Inclusive, pode decidir continuar fazendo isso depois de concluir o desafio. Um amigo meu fez isso por um ano, e ainda vejo antigos frequentadores das minhas palestras postando suas listas. Se parecer estranho no começo, ponha a culpa em mim. Mas só faça isso se *já* estiver no Facebook; não vá abrir uma conta por minha causa. Se você de alguma forma conseguiu evitar isso até hoje, continue desfrutando de uma vida que deve ser bastante satisfatória.

Caso não esteja nas redes sociais, considere este um desafio de escrever um diário de gratidão à moda antiga. É uma coisa fácil, que não toma muito tempo e pode ter um impacto positivo na sua vida.

RESUMINDO ESTA SEÇÃO PARA VOCÊ SABE QUEM:
- Expressar verbalmente sentimentos positivos, como amor ou gratidão, para outras pessoas pode nos deixar mais felizes, o que por sua vez nos ajuda a lidar com o estresse.
- Manter um diário de gratidão, listando especificamente três coisas pelas quais nos sentimos gratos a cada dia, também pode nos deixar mais felizes.

Certo, até aqui tratei de como ser mais otimista e como aprender a apreciar mais aquilo que se tem. A terceira atividade simples e fácil que mencionei foi ter senso de humor. Com certeza você sabe o que é senso de humor, mas no contexto abordado aqui se refere especificamente à capacidade do nosso cérebro de reconhecer um estímulo com potencial para ser ameaçador como algo divertido ou inofensivo. Isso envolve a percepção inicial de um estímulo feita de uma certa maneira e, depois, uma imediata reinterpretação dele como algo diferente. Esse é um processo que o cérebro considera engraçado.[68] Sei que isso pode parecer confuso, então me permita dar um exemplo.

Minha piada favorita é uma bem antiga, e talvez você já a tenha ouvido. É uma gracinha famosa de Henny Youngman: "minha mulher, por exemplo... pode levar, por favor". É uma piada bem simples e vai ser útil para entender como o cérebro processa o humor. A primeira frase cria o clima para a piada, estabelecendo a premissa. A frase "minha mulher, por exemplo" sinaliza para seu cérebro que ele vai contar alguma coisa sobre a esposa. Mas então há uma pausa, e nossa expectativa é que ele diga alguma coisa engraçada sobre ela. Quando o comediante diz "por favor", subverte por completo o sentido da frase anterior, e nosso cérebro a reinterpreta imediatamente. O resultado dessa rápida mudança de entendimento é considerado engraçado pelo nosso cérebro. E, como ele reconhece que cometeu um erro em sua consideração inicial e não se trata

---

[68] Chan, Y. C . et al. Segregating the Comprehension and Elaboration Processing of Verbal Jokes: An fMRI Study. *NeuroImage*, v. 61, n. 4, 2012, pp. 899-906.

de uma situação ameaçadora, nós damos risada. Eu fiz a mesma coisa neste livro quando contei que há pouco tempo me tornei pai. É uma piada que costumo usar no palco, inclusive. Quando digo "Aos 45 anos, eu me tornei pai. Já sei o que você está pensando", sua mente presume que a conversa vai tomar uma direção, mas quando complemento com "uma criança cuidando de outra! Essa pessoa é jovem demais para ter um bebê!", a coisa se inverte com completo.

A maioria das piadas envolve coisas mais complexas do que acrescentar uma frase que altere o sentido da anterior, mas espero que esses exemplos ajudem você a entender que o senso de humor resulta de uma mudança da nossa percepção inicial sobre algo. Imagine que eu esteja fazendo uma trilha pelas Montanhas Rochosas e veja um urso a distância. Por instinto, posso ficar imediatamente com medo, já que não sei se vou ser atacado ou se o urso vai me ignorar, mas então vejo o bicho se aproximar e de repente percebo: *Ah, não, é só o meu primo Shawn!* Eu dou risada quando meu cérebro se dá conta do engano e me sinto aliviado por saber que não vou ser destroçado por um urso. Shawn pode ficar com raiva de mim quando ler isto e querer me encher de porrada, mas com ele eu me garanto. E, sim, você é peludo demais, Shawn. Está na hora de tomar uma atitude a respeito.

Ter senso de humor significa ser capaz de compreender as coisas de múltiplas formas, e isso é incrivelmente útil para se livrar do estresse. Como mencionei antes, as áreas mais centrais do nosso cérebro podem entender erroneamente um estímulo com uma provável ameaça, gerando uma reação de estresse, mas nosso córtex pré-frontal tem a capacidade de se sobrepor a esse sistema através do pensamento. Conheço um cara que escreveu um livro inteiro sobre os benefícios físicos e mentais do humor, mas do meu ponto de vista o humor tem como objetivo justamente promover esses benefícios.[69] Ele ajuda a evitar um estresse desnecessário para o cérebro. A maioria das teorias do humor é consistente com essa visão, seja como uma forma de reduzir a tensão ou como um mecanismo de

---

69 Humm, dã. Sou eu. Estou falando de mim.

defesa. O humor é inclusive usado por algumas espécies como forma de ajudar a reduzir a agressividade em certos contextos sociais.[70] Existem muitos benefícios no humor, mas acredito que o controle do estresse seja o mais importante.

Além de redirecionar uma atividade cerebral potencialmente negativa, o humor também tem o ótimo benefício de nos fazer rir. Você já deve ter ouvido a frase "Rir é o melhor remédio". Muita gente diz isso, mas nem todo mundo pensa mais a fundo a respeito. Como sou um comediante com doutorado em psicologia que escreveu um livro sobre esse assunto, as pessoas vivem me perguntando se isso é verdade. Eu gostaria muito de dizer que sim, mas claro que não é. Rir não vai curar você de uma gripe, nem de uma frieira e muito menos fazer seu braço quebrado cicatrizar. Por outro lado, pode contribuir para prevenir ou se recuperar de um câncer,[71] pode ajudar a evitar uma doença cardiovascular por baixar sua pressão arterial,[72] pode auxiliar a controlar seu diabetes[73] e com certeza vai ajudar você a lidar com o estresse.

O estresse é a reação do nosso cérebro a ameaças e nos deixa a postos para algum tipo de ação. Quando nos estressamos, o cortisol é bombeado pelo nosso corpo, produzindo vários tipos de alterações fisiológicas. Os problemas começam quando nosso corpo passa a produzir esse estado de alerta para entrar em ação, mas nenhuma ação acontece. O ato físico de rir, por outro lado, promove atividades em diversas áreas diferentes. Desde a atividade elétrica no cérebro enquanto processa a situação humorística – passando pelos músculos faciais que fazem você rir, pela força do diafragma para fazer os pulmões inalarem e expirarem, pelos músculos de pernas e braços ao bater as mãos uma na outra e

---

70 Darwin, Charles. *A expressão das emoções no homem e nos animais*. São Paulo: Companhia das Letras, 2009; Provine, Robert R. *Laughter: A Scientific Investigation*. Nova York: Penguin, 2001.

71 Bennett, Mary P. et al. The Effect of Mirthful Laughter on Stress and Natural Killer Cell Activity. *Nursing Faculty Publications: Alternative Therapies*, v. 9, n. 2, 2003, pp. 38-45.

72 Lefcourt, Herbert M. Humor as a Stress Moderator in the Prediction of Blood Pressure Obtained during Five Stressful Tasks. *Journal of Research in Personality*, v. 31, n. 4, 1997, pp. 523-542.

73 Surwit, Richard S.; Schneider, Mark S. Role of Stress in the Etiology and Treatment of Diabetes Mellitus. *Psychosomatic Medicine*, v. 55, n. 4, 1993, pp. 380-393. Ver também: Hayashi, Keiko. et al. Laughter Lowered the Increase in Postprandial Blood Glucose. *Diabetes Care*, v. 26, n. 5, 2003, pp. 1651-1652.

os pés no chão –, o riso gera uma tremenda reação em cadeia de atividade corporal. Trata-se de um alívio profundo do estresse, que reduz o cortisol e tem o benefício adicional de produzir uma sensação de bem-estar.

O riso não é só uma expressão de felicidade – ele também contribui para ela. Lembre-se de que citei a Teoria das Emoções, de James-Lange, segundo a qual nosso cérebro interpreta nosso estado emocional a partir de evidências fisiológicas. Se estamos sorrindo, gargalhando ou batendo palmas, que tipo de emoção você acha que vai sentir? Vou dar uma dica: começa com F. Sim, você acertou – frieza. Dã, felicidade. Então você deve imaginar a felicidade que senti quando minha filha começou a dar sinais de ter senso de humor. Aos oito meses, ela já ria bastante e tinha dois tipos bem distintos de risada – um "ha, ha, ha" que parecia meio forçado e um risinho que soava bem mais autêntico. Quase um ano depois, seu senso de humor está se desenvolvendo a passos largos. Ela até faz gracinhas. Obviamente, nada verbal; é mais um humor físico, mas mesmo assim. A primeira dessas gracinhas de que me lembro foi quando nós três estávamos no carro e ela cutucou o ombro de Sarah do banco traseiro. Quando Sarah se virou, Alyssa enfiou um brinquedo na boca da mãe e começou a rir. Eu quase explodi de tanto gargalhar. Mais recentemente, ela me pegou pela mão e me levou até meus sapatos como se quisesse me chamar para passear. Quando me agachei para me calçar, percebi que um dos brinquedos dela estava enfiado no meu sapato. Assim que percebi, eu caí na risada. As pessoas que fazem você rir contribuem para a sua saúde e sua felicidade. Eu amo a minha filha.

O que você pode fazer com todas essas informações? Bom, acho que a resposta mais óbvia é prestar mais atenção ao impacto que o humor causa sobre o estresse e exercitar seu senso de humor com maior frequência. Fazer piadas com as situações é uma ótima forma de lidar com um fator de estresse ou diminuir seu impacto sobre nós. Nas *sitcoms* e nos filmes, situações complicadas muitas vezes são retratadas com leveza e humor, e nos shows de *stand-up* os comediantes costumam levar seus sofrimentos para o palco. O humor é um ótimo mecanismo de defesa, e aprender a levar as coisas na esportiva pode ser uma habilidade muito útil. Nem todo mundo tem talento para ser engraçado, mas felizmente se divertir com situações bem-humoradas também é muito útil.

AQUELA RECAPITULADA PARA QUEM ESTÁ SÓ FOLHEANDO:
- O humor é uma ferramenta natural de controle de estresse.
- Reavaliar uma situação para torná-la motivo de piada pode ajudar a reduzir os pensamentos negativos.
- O ato físico de rir reduz o estresse e seus efeitos fisiológicos.

Comecei a fazer shows de *stand-up* mais ou menos um ou dois anos antes de virar palestrante profissional. Durante a maior parte da vida eu quis ser comediante, mas vivia deixando a ideia de lado por um ou outro motivo. Quando fazia faculdade em Austin, sempre ia a apresentações de comédia. Gostava muito da cena local do Texas e estava na plateia quando o lendário Bill Hicks gravou alguns de seus últimos álbuns.[74] Vi Ron White no início da carreira, nos clubes de comédia de Austin. O Velveeta Room, hoje uma parada obrigatória nas turnês de comediantes, foi inaugurado quando eu morava lá, e eu o frequentava o bastante para conhecer vários artistas locais. Eles sempre me incentivavam a me arriscar no palco, mas por alguma razão eu não me sentia preparado. Fui embora de Austin para fazer pós-graduação em Nova Orleans e depois em Ohio, onde os estudos consumiam a maior parte do meu tempo. Não faço ideia do motivo que me impedia de subir ao palco, mas agora sei o que por fim me levou a fazer isso: o estresse.

Em determinado momento acabei indo para em São Francisco, em um emprego que eu simplesmente detestava. Não era culpa da empresa; era eu que estava no ambiente errado e em um momento ruim da minha vida. Não consegui estabelecer uma boa relação com meus colegas e considerava meu trabalho

---

[74] Isso é motivo de muito orgulho para mim. Eu assisti à gravação do álbum *Arizona Bay*, no Laff Stop, em Austin (o atual Cap City Comedy Club). Estava na primeira fila, e ele tirou sarro da minha camisa. Eu fui cumprimentá-lo depois do show. Mais tarde, quando do lançamento póstumo do disco, percebi que em pelo menos um momento minha risada é nitidamente audível. Ele foi, e ainda é, uma grande inspiração para mim.

nem um pouco recompensador. O estresse do emprego cobrou seu preço, e eu acabei desenvolvendo um quadro leve de depressão. Para aumentar ainda mais a carga de estresse havia o alto custo de vida em São Francisco, com o qual eu não conseguiria arcar caso saísse do trabalho que odiava. Como muita gente que vive situações parecidas, me sentia aprisionado. Um amigo meu, também com formação em psicologia, sugeriu que eu tentasse a sorte no *stand-up*, relembrando meu antigo desejo. Me apresentei pela primeira vez em uma noite para amadores na semana seguinte. Notei um alívio quase imediato da depressão e uma alteração positiva em termos de ânimo, então resolvi continuar. Um mês depois estava me apresentando com alguma frequência, tinha largado o emprego e me sentia feliz como nunca. Mas, antes de pedir demissão e tentar a sorte nos palcos, saiba que o mercado para comediantes é bem difícil e a chance de fracassar é imensa. Eu me dei muito melhor como palestrante do que no *stand-up*. Ser comediante exige uma resiliência incrível e na grande maioria dos casos uma outra fonte de renda; eu não recomendo o *stand-up* como opção de carreira. Mas era exatamente disso que eu precisava em uma das épocas mais estressantes da minha vida, e nunca me arrependi. Inclusive, amanhã à noite vou fazer uma pausa na escrita deste livro para me apresentar em um clube de comédia de Denver.

O riso como válvula de escape

Antes de começar esta seção, preciso contar que hoje de manhã, depois de levantar, ela escolheu as próprias roupas para o dia e vestiu a própria calça até a metade! Sei que posso estar exagerando, mas tenho muito orgulho da Sarah.

Por eu ser um comediante, talvez você pensasse que haveria mais espaço neste livro para a discussão sobre o humor. Realmente existiriam mais coisas a dizer sobre o assunto, mas, para o que estamos discutindo no momento, basta entender que manter o senso de humor e dar umas boas risadas ajudam a aliviar o estresse. Vários estudos já demonstraram que o riso baixa o nível de cortisol e a pressão arterial, o que me leva à conclusão de que se trata de um sistema de controle de estresse natural.

A comédia *stand-up* me ajudou a superar um dos períodos mais estressantes da minha vida, e o meu senso de humor me auxiliou em tudo o que fiz até hoje – me ajudou a me adaptar à cultura da minha nova escola no Texas, depois a reagir numa boa quando meu carro foi arrombado várias vezes quando eu morava no French Quarter, em Nova Orleans, e recentemente me ajudou a lidar com a dor de cabeça de ser responsável pelas obras em um imóvel a centenas de quilômetros de distância.

Quando as pessoas ficam sabendo que sou um comediante que também tem um doutorado, o que mais ouço é que se trata de uma combinação rara. E é mesmo, mas conheço várias pessoas que fizeram por merecer o direito de usar o título de "dr." no nome artístico, mesmo se descontarmos aqueles que são simplesmente advogados. Existem vários exemplos famosos – o comediante, ator e médico Ken Jeong é provavelmente o mais notório que me vem à mente. Conheci muitas pessoas com formação acadêmica bastante avançada que decidiram seguir uma carreira na comédia, ainda que não fosse como ocupação principal, e até as que mudaram completamente de carreira. Na maioria das vezes, porém, o único doutor no palco sou eu mesmo. Quando Dave DeLuca e eu produzíamos um show juntos em Los Angeles, ele cuidava da escalação de quem ia se apresentar e eu ficava no palco como mestre de cerimônias. Nunca tinha visto a dra. Laura Hayden, mas, depois que ela se apresentou no nosso show e fez todo mundo morrer de rir, eu virei seu fã. Esta é a história dela, e, no fim, nós tínhamos mais coisas em comum do que parecia a princípio.[75]

---

[75] Texto compartilhado comigo por e-mail em dezembro de 2018.

O riso como válvula de escape

A comédia *stand-up* salvou minha carreira de fisioterapeuta.

Eu trabalhava fazia um ano como fisioterapeuta. Tinha conseguido o emprego dos meus sonhos logo depois de sair da faculdade em uma clínica incrível de ortopedia esportiva, uma vaga que pessoas sem experiência quase nunca conseguem. Mas depois de um ano em uma profissão que exigiu oito anos extenuantes de faculdade e centenas de horas de estágio supervisionado, meu emprego estava acabando comigo.

Nenhuma faculdade de saúde que conheço prepara as pessoas para lidar com a exaustão emocional, mental, física e até espiritual que tratar pacientes pode causar na sua psique. Eu estava com sintomas de *burnout* com um ano de carreira, o que não era nada bom, já que precisaria trabalhar uma década só para pagar meus empréstimos de financiamento estudantil.

Trabalhei como garçonete por um tempão porque fui estudante por um tempão. Da última vez que contei, são seis diplomas de ensino superior e certificados de conclusão de disciplinas em dezenove universidades diferentes. Ninguém que tenha o mínimo de inteligência deve fazer o que eu fiz. Mas pelo menos eu arraso quando vejo *game shows* na TV. Comecei a trabalhar como garçonete logo que entrei na faculdade por dois motivos: primeiro, por causa da minha timidez terrível e, segundo, porque dava mais dinheiro do que a loja em que eu trabalhava em um shopping decadente. Todos os meus clientes habituais no restaurante comentavam que eu era engraçada. Sinceramente, nunca me considerei engraçada. Acho que tenho raciocínio rápido e sou sincera, e isso rendia boas sacadas enquanto servia as mesas.

173

Meu programa de pós-graduação em fisioterapia exigia uma quantidade enorme de apresentações. Para sermos bons profissionais, precisávamos ser bons comunicadores, ou pelo menos era esse o papo furado que nos vendiam. Olhando para trás, acho que foi bom ter sido assim. Meus colegas gostavam das minhas apresentações, porque eram engraçadas. Na verdade, eu não estava querendo ser engraçada enquanto falava sobre meningite espinhal ou qualquer outro assunto sério que não tinha a menor graça, mas simplesmente acontecia. Por algum motivo, minhas apresentações divertidas fizeram com que meus colegas me escolhessem para fazer o discurso de formatura. E, mais uma vez, eu não estava querendo ser engraçada, só não queria ser tediosa, porque tradicionalmente esse tipo de discurso é tedioso até não poder mais. "Nós gostaríamos de agradecer nosso corpo docente… blá, blá, blá." Enquanto isso, a plateia está só esperando o falatório terminar para poder comer bolo. Inclusive, as pessoas só vão a formaturas por causa do bolo. Eu estava morrendo de medo, mas o discurso foi um sucesso; tive que fazer várias pausas para esperar as pessoas pararem de rir. Mais tarde, as congratulações que recebi de diversas pessoas me indicaram que eu tinha um talento natural para o palco. Mal sabiam elas que eu tinha vomitado duas vezes antes de subir ao palco, um problema comum entre os extremamente introvertidos.

Resumindo, a cada virada de ano, em vez de tentar desistir de alguma coisa, porque não consigo parar de comer, beber ou falar palavrão demais, eu tento fazer algo novo. E tirei a sorte na moeda para decidir se fazia aulas de *stand-up* ou se aprendia a velejar. Deu cara, então fui para o *stand-up*. Minha ideia era só fazer as aulas, participar da apresentação no fim do curso e seguir adiante com a minha vida, mas o *stand-up* alimentou em mim um desejo que eu nem sabia que tinha. Começou como uma brincadeira, mas, toda vez que me apresentava, eu saía me sentindo melhor. Depois do trabalho costumava ficar exausta, tanto física como mentalmente. Em determinados dias mal tinha energia para pegar o carro e ir para casa, mas de alguma forma dava um jeito de ir até um clube de comédia em uma noite para amadores, assistir ao show e me apresentar. Eu saí do clube de madrugada me sentindo mais energizada do que às sete da noite. Isso acontecia todas as vezes. A comédia me desviou de um caminho que terminaria em um caso sério de *burnout*.

Como sou uma tremenda nerd e o riso teve um impacto tão profundo na minha vida, comecei a pesquisar sobre os aspectos terapêuticos do riso. De forma nada surpreendente, isso me levou de volta à faculdade. Fui fazer um doutorado, e minha dissertação foi sobre os aspectos curativos do riso para o estresse e o *burnout* no contexto dos profissionais de saúde.

O *stand-up* teve um efeito extremamente positivo na minha vida. Me deu a oportunidade de me apresentar em trinta e um países e de conhecer e fazer amizade com pessoas incríveis. E também salvou minha carreira como fisioterapeuta. Não precisa ler a minha dissertação de 782 páginas, vou resumir aqui para você: O humor faz bem, faz muito bem. Dê boas risadas, porque sua saúde depende disso.[76]

Obviamente, sei por experiência própria que o *burnout* é uma coisa terrível e que os profissionais de saúde, como fisioterapeutas, enfermeiros e médicos, estão entre os mais afetados por esse problema. O *burnout* é uma forma de estresse relacionado ao trabalho que cobra um preço alto de nossa saúde física e mental, da mesma maneira que qualquer outra forma de estresse. O que torna o *burnout* um pouco mais desafiador é que a maioria das pessoas precisa trabalhar, então se trata de uma fonte de estresse que não pode ser simplesmente removida. Nós

---

[76] Laura Hayden é fisioterapeuta, comediante, palestrante e escritora, entre outras coisas. Você pode conhecê-la melhor através de seu site: <www.laurahayden.com>.

nos sentimos aprisionados. Não temos para onde fugir, nem como lutar, então muitas vezes não fazemos nada (ficamos sem reação), o que só torna a situação cada vez pior. Para quem tem ensino superior ou uma formação especializada, o estresse é ainda maior, porque sentimos que investimos muito tempo e energia para ter uma carreira e precisamos fazer isso valer a pena. Por ter sofrido de *burnout* em alguns momentos da vida, costumo falar bastante sobre os prejuízos que isso causa. Falar de *burnout*, que modderninho! Pois é, eu sempre estou sintonizado com as últimas tendências.

A maioria de nós precisa trabalhar, e, já que é assim, o ideal é encontrarmos uma carreira que seja estimulante, recompensadora e satisfatória talvez até em termos pessoais. Mas nem todos os empregos são legais, e às vezes somos obrigados a aceitar um trabalho que não é o ideal para conseguirmos pagar as contas. O emprego não precisa ser legal, mas o requisito mínimo necessário é não deixar você doente. Acho que é uma exigência razoável, mas muitos de nós temos empregos que estão fazendo justamente isso. Imagine uma situação em que alguém que sofre de *burnout* entre em depressão. Imagine que a depressão afete a produtividade da pessoa, além de sua vida fora do ambiente do trabalho. Felizmente, a depressão tem tratamentos possíveis. Imagine que essa pessoa busque a psicoterapia. Talvez precise tomar um antidepressivo para ajudar naquela situação. A pessoa precisa tomar remédio para controlar a doença causada por um emprego de merda para continuar trabalhando no mesmo emprego de merda. Mas agora não tem como pedir demissão, porque precisa do plano de saúde da empresa para pagar o tratamento necessário para se manter no emprego que está causando a depressão! Obviamente a vida não é nada simples, mas é possível ver com clareza como algumas pessoas acabam presas em um círculo vicioso nada saudável.

Romper um ciclo como esse não é fácil, mas, para Laura e para mim, o senso de humor nos ajudou a nos colocar no rumo de carreiras interessantes. Virar comediante não é uma opção viável para todo mundo, mas mesmo algumas horinhas de bom humor e diversão depois do trabalho podem ajudar a aliviar a tensão de um emprego de merda.

O riso como válvula de escape

Conheci Conor Kellicutt em São Francisco. Ele já era um comediante bem estabelecido quando cheguei à cena do *stand-up*. Como estava bem acima de mim na cadeia alimentar, quase nunca nos apresentávamos na mesma noite, mas eu o via com certa frequência. Um dos clubes para comediantes profissionais da cidade, o Punch Line, tinha uma noite por semana reservada aos comediantes locais. Para quem já tinha uma carreira bem estabelecida, era um bom lugar para apresentar piadas novas e, para os novatos, uma oportunidade de fazer contatos e aprender observando o trabalho dos outros. Quando comecei, eu ia sempre que podia até lá só para ver as apresentações. Conor era uma atração frequente, e eu gostava muito de seu estilo. Mais tarde estabelecemos contato através das redes sociais, e, apesar de fazer anos desde a última vez que nos vimos pessoalmente, eu gosto de acompanhar suas postagens. Durante anos e anos ele nunca deixou de me fazer rir, nem mesmo quando sofreu uma tragédia inimaginável em sua vida. Esta é a história dele.[77]

> Por ser um comediante, o humor é uma parcela importantíssima da minha vida, que usei em grande parte para atravessar tempos difíceis. Como o palhaço da classe, eu usava isso para distrair a atenção negativa gerada pelas notas baixas. Em uma família marcada pelo alcoolismo e pelo divórcio, eu usava o humor para escapar de momentos terríveis. Até de apanhar eu me livrei várias vezes por fazer a piada certa na hora certa.
>
> Em um determinado momento da vida, eu tinha dois filhos e uma esposa e estava prestes a perder minha casa. Nesse momento, foi o *stand-up* que me manteve à tona; fazer piadas sobre a dureza da vida parecia aliviar o estresse tanto para mim como para o público. Isso me impediu de entrar em colapso e enlouquecer por causa da pressão financeira.

---

77 Compartilhada comigo por e-mail em novembro de 2018.

Muitas vezes usei o humor para quebrar a tensão e aliviar o estresse. Mas houve uma vez em que um amigo o usou para me ajudar quando eu estava no pior momento da minha vida e não conseguia achar graça em nada.

Em 2011, Cindy, meu amor, que era minha esposa havia catorze anos, a mãe dos meus dois filhos, Shane, de 11 anos, e Hanna, de 13, morreu de forma repentina. Eu jamais imaginava que isso poderia acontecer. Nossa realidade desmoronou. As palavras perderam o sentido, as pessoas pareciam diferentes e o mundo havia destruído nosso futuro. Não havia nada, sentimentos, tempo, nada. Eu fumava tanta maconha para combater o estresse que estava passando de trinta gramas por semana – isso é bastante, pode acreditar –, e não estava me ajudando em nada.

Na primeira semana desse inferno, a maioria das pessoas nos abordava, a mim e a meus filhos, com um sentimento de desesperança e tristeza e o inevitável "sinto muito", que aliás não significa merda nenhuma. São apenas palavras, e não estamos em condições de nos importar com os seus sentimentos. Então lá estava eu vivendo um inferno, e o que ia fazer a respeito dos meus filhos? Como eu conseguiria ser um pai e um farrapo humano ao mesmo tempo?

Foi quando meu amigo e também comediante Jacob Sirof apareceu na frente da minha casa para ver como eu estava. Ele era bem próximo da minha esposa, um amigo querido. Nós nos cumprimentamos, e ele disse: "Você *com certeza* vai usar esse lance de ser viúvo para pegar mulher, né?". Eu caí na gargalhada pela primeira vez em uma semana. Na minha vida inteira, eu nunca tinha passado uma semana toda sem rir. Jacob falou que estava temeroso de dizer aquilo, que não sabia se eu acharia graça. Eu disse que foi a melhor coisa que alguém tinha feito

O riso como válvula de escape

para mim em muito tempo. Era exatamente do que eu precisava para pôr a cabeça no lugar. Nesse momento eu soube que ia ficar tudo bem, que eu teria como cuidar das crianças sozinho.

Os anos seguintes ainda foram bem estressantes; meus dois filhos precisaram fazer terapia, mas nós sobrevivemos. As histórias sobre a minha mulher eram contadas a princípio em meio a lágrimas, mas hoje são acompanhadas de risos, como a vez em que cheguei em casa do trabalho e Cindy estava passando o aspirador de pó completamente nua, a não ser por um par de sapatos de salto alto. "Oi, querido", ela falou. Ela era muito engraçada.

Se você não puder rir, tudo vira uma merda.[78]

Nas minhas turnês de palestras, as pessoas às vezes citam um acontecimento ou uma situação terrível que estão enfrentando e me perguntam como lidar com aquilo de uma forma bem-humorada. Eu sempre respondo que só saberia dizer alguma coisa que elas considerariam engraçada se as conhecesse melhor, caso contrário poderia parecer que estou tirando sarro de uma coisa séria. Sei que não é essa a resposta que as pessoas querem ouvir, mas para mim também é uma situação constrangedora. Como comediante, acredito que qualquer assunto pode ser tratado com bom humor, mas também reconheço que nem todo mundo está em condições de rir de determinadas coisas. Às vezes é preciso mais tempo.

Não consigo sequer imaginar a dor que Conor sentiu depois da morte da esposa, e não faço ideia de como eu reagiria diante de uma tragédia como essa. Mas uma coisa de que tenho certeza é que, assim como Conor, em algum momento eu iria precisar de umas boas risadas.

---

[78] Conor Kellicutt é um ator e comediante da região da baía de São Francisco. A maior parte de seu trabalho pode ser encontrada em <www.conor-comedy.com>.

A arte de pegar leve – Dr. Brian King

Cuidado com as frutas venenosas

É difícil manter o pensamento positivo o tempo todo. Sejam ursos ou unicórnios, coisas desagradáveis surgem na vida de todo mundo, e os pensamentos negativos são inevitáveis. Na verdade, nosso cérebro parece inclusive um tanto disposto a procurar motivos para a negatividade e se agarrar a isso. Os psicólogos se referem a esse fenômeno como "viés da negatividade".[79] Resumidamente, se nos depararmos com dois estímulos, um positivo e outro negativo, é provável que nosso cérebro demonstre maior interesse e seja mais afetado pelo negativo. Isso é péssimo, mas é assim que nosso cérebro é programado.

Mas também faz sentido, se pensarmos em como o cérebro se desenvolve e coleta informações sobre o mundo em que está inserido. Para ilustrar isso, gosto de imaginar os desafios que os primeiros seres humanos devem ter enfrentado, centenas de milhares de anos atrás, nas savanas do norte da África. Imagine que você é uma das primeiras pessoas a explorar a região em busca de comida. E suponha que encontre um arbusto com umas frutinhas frescas que parecem estranhamente sedutoras. Você apanha algumas, observa com todo o cuidado e resolve mandar algumas para dentro. E o sabor é... delicioso! Uma fruta bem docinha e suculenta, mas além disso você ainda sente seu nível de energia subir à medida que os nutrientes são absorvidos pelo seu corpo. Você acabou de descobrir uma deliciosa fonte de alimento, e é importante que seu cérebro se lembre dessas frutinhas no futuro para quando a fome bater de novo.

Agora imagine que você encontrou uma outra espécie de arbusto com um tipo diferente de fruta. Mas dessa vez, quando você enfia a fruta na sua boca de ser humano pré-histórico, o gosto é horrível. Você começa a passar mal depois

---

[79] Baumeister, Roy F. et al. Bad is Stronger than Good. *Review of General Psychology*, v. 5, n. 4, 2001, pp. 323-370.

de comer. Talvez alguns de seus amigos, que comeram mais que você, acabem adoecendo e morrendo. No fim, as frutas se revelaram extremamente venenosas. Pois bem, embora seja importantíssimo lembrar quais frutas são saborosas e nutritivas, é absolutamente crucial para a sua sobrevivência se lembrar das que são capazes de matar. É uma simples questão de sobrevivência. É assim que eu costumo explicar o viés da negatividade, com o exemplo das frutas venenosas.

Seu cérebro pode precisar de algumas experiências com as frutas deliciosas antes de guardá-las na memória, mas vai ser necessário muito menos para aprender sobre as venenosas. Da mesma forma, podemos pensar sobre a atividade de cozinhar. Aprender a cozinhar exige muita prática, mas você só precisa se queimar uma vez para aprender a não encostar a mão na grade do fogão quando estiver quente. São frutas venenosas. É uma questão adaptativa aprendermos a identificar potenciais ameaças o mais depressa possível, então nós naturalmente privilegiamos e damos mais atenção aos estímulos negativos do que aos positivos. Faz sentido ser mais provável que você dedique mais atenção, e espaço na sua memória, ao urso correndo na sua direção do que à bela paisagem da floresta.

Obviamente, no mundo moderno, pouquíssima gente se vê em uma situação em que precisa provar frutas desconhecidas no meio do mato para sobreviver. Hoje em dia, se eu quiser umas frutas, posso ir até o supermercado da esquina e voltar com uma ou duas sacolas cheias. E todas elas, ainda bem, foram pré-selecionadas e cultivadas pelos humanos que vieram antes de mim, de modo que são doces e saborosas ou, no mínimo, não venenosas. No entanto, nossa preferência seletiva por informações negativas influencia nossos pensamentos de diversas outras maneiras.

Os relacionamentos românticos proporcionam ótimos exemplos dessa preferência seletiva. A maioria de nós sofre algumas desilusões em busca daquele alguém especial antes de encontrá-lo ou de decidir se conformar com alguém razoavelmente tolerável. Os relacionamentos são ótimos e podem ser muito saudáveis, mas também são estressantes, e as brigas sempre acontecem. Todo mundo, por mais incrível que seja, tem potencial para pisar na bola sem querer ou até fazer de propósito determinadas coisas para ferir nossos sentimentos. Sei que já pisei na bola nos meus relacionamentos várias vezes. Se você faz alguma coisa que acaba magoando seu parceiro ou parceira, saiba que esse passo em falso vai ser a única coisa a ser sempre lembrada. Ele ou ela pode se esquecer totalmente das vezes em que você se comportou de forma exemplar, mas sempre vai se lembrar da sua mancada. É uma fruta venenosa.

Sarah e eu nos conhecemos anos atrás, em uma das minhas palestras. Há pouco tempo, estávamos mexendo em umas caixas e encontramos as anotações que ela fez naquele dia na plateia. Curiosamente, as palavras "frutas venenosas" estavam escritas na margem da folha e sublinhadas. Até hoje não sei por quê, mas sempre tomo o maior cuidado para não deixá-la muito irritada.

Outro pensamento negativo bastante comum é que às vezes nós superestimamos a probabilidade de acontecer o pior. Quando eu ainda era estudante de pós-graduação, dava algumas aulas na universidade. Certa vez pedi a meus alunos para pensarem em uma região perigosa da cidade e depois imaginarem que estavam lá tarde da noite. Pedi que calculassem a possibilidade de se tornarem vítimas de algum crime por isso. Também pedi que calculassem seu nível do otimismo, e de forma nada surpreendente os menos otimistas estimaram uma probabilidade maior de se tornarem vítimas de um crime do que os otimistas. O que chamou mais atenção foi que, na média, os menos otimistas estimaram ter 50% de chances de se tornarem vítimas de criminosos indo àquela região da cidade tarde da noite. Eu não faço ideia de qual é o nível de criminalidade no lugar, mas acho que não chegaria nem perto desses 50%. Isso implicaria que metade das pessoas do bairro sofre algum tipo de ataque todas as noites! Seria um lugar digno de rodar um filme da franquia *Uma noite de crime*.

Por que eles estimaram um nível de criminalidade tão alto? Mais uma vez, o objetivo do estresse e do viés da negatividade é manter nossa segurança. Se superestimar a probabilidade de um ataque de criminosos ou de ursos nos impedir de ir ao centro da cidade ou à floresta, seria uma pena, mas pelo menos continuaríamos vivos.

Mas às vezes nós superestimamos simplesmente o inconveniente associado a determinada coisa.

Antes de começarmos a viajar juntos em turnês, eu morava em Los Angeles – West Hollywood, para ser mais específico. Caso você não conheça a região, West Hollywood é uma cidade à parte, mas totalmente cercada por Los Angeles. Nesse sentido, é meio parecida com Beverly Hills, só que com menos cirurgiões plásticos. E, o que pode ser uma surpresa para você, West Hollywood fica logo a oeste de Hollywood. Se você já passeou pela Sunset Strip, então foi a West Hollywood, mas aposto que nem percebeu que estava em outra cidade. Eu adorava morar lá; é um lugar interessante e cheio de vida, com uma comunidade extremamente liberal. E também tem uma localização central, o que torna bem fácil circular pela cidade a partir de lá, pelos padrões de Los Angeles.

Eu me mudei para lá pelo mesmo motivo de um monte de gente: tentar um lugar na indústria do cinema e da TV. Nos três anos em que morei em Los Angeles, não consegui muita coisa (meu rosto apareceu por uns dois segundos em um filme vagabundo que foi lançado direto em DVD), mas conheci um monte de gente legal e aprendi a fazer contatos. Com o tempo passei a ser convidado para eventos relacionados ao mercado de entretenimento, como festas, estreias ou chamadas abertas de formação de elenco. Na maioria das vezes eram em Hollywood ou não muito longe da minha casa – outra vantagem de morar onde eu morava –, mas de vez em quando havia convites para um evento no centro de Los Angeles.

O centro da cidade fica a cerca de 25 quilômetros de West Hollywood, o que significa umas quatro semanas de deslocamento, considerando o trânsito. Sempre que surgia a chance de ir até lá, o lado negativo do meu cérebro era ativado e começava a tentar me desmotivar a ir. Eu ficava pensando...

Ah, cara, até o centro da cidade? Vou precisar sair mais cedo por causa do trânsito. Quando chegar, vai ser um saco encontrar lugar para parar o carro, e provavelmente vou ter acabar pagando estacionamento. Além disso, eu conheço alguém que vai estar lá? Eu vou mesmo conhecer algum produtor precisando muito de um comediante de meia-idade acima do peso? Nós somos uma mão de obra tão rara e cobiçada. Vou passar uma hora no trânsito, meia hora tentando encontrar um lugar para parar o carro e acabar desistindo e pagando um estacionamento só para passar mais duas horas tentando me enturmar e puxar o saco de um monte de gente que provavelmente nunca mais vou ver na vida, para depois pegar todo o trânsito de volta para Hollywood. E se eu quiser ir mesmo provavelmente vou ter que vestir uma calça...

Às vezes eu superestimava tanto as inconveniências que negligenciava justamente o que tinha ido fazer em Los Angeles. (E, por falar nisso, o centro de Los Angeles sempre foi um dos meus lugares favoritos da cidade. Tem alguns lugares históricos legais, feiras incríveis perto da Broadway, um distrito de artes novinho e bacana, Chinatown, Little Tokyo... enfim. Sei que a maior parte das pessoas que vão a Los Angeles quer conhecer Hollywood e curtir uma praia, mas, por favor, não permita que a minha historinha idiota desanime você de conhecer a região central da cidade. Você pode encontrar umas frutinhas deliciosas por lá ou, no mínimo, uns tacos imbatíveis.)

Também não devemos pegar pesado com nós mesmos se acharmos difícil ser positivos (pegar pesado com nós mesmos é exatamente o contrário do que devemos fazer). Nosso cérebro costuma de fato se concentrar mais na negatividade, e até as pessoas mais positivas entre nós têm seus maus momentos. No entanto, o pensamento negativo frequente vai acabar interferindo na nossa capacidade de lidar com o estresse, então é melhor fazer o possível para controlar isso, antes que a coisa se torne problemática.

Uma parte de ser otimista envolve a supressão dos pensamentos negativos. Como mencionei antes, pessoas otimistas têm pensamentos pessimistas o tempo todo, só não ficam remoendo isso. Uma coisa que ajuda nesse sentido é algo que já mencionei: redirecionar os pensamentos para outra coisa.

Literalmente qualquer coisa. Funciona para as preocupações e também para os pensamentos negativos em geral.

Outra coisa que recomendo é uma prática chamada *descatastrofização*.[80] Com essa técnica, podemos usar nossa estimativa de probabilidade de ocorrer o pior cenário possível para nos ajudar a nos reconciliar com nossa própria situação. Eu já fazia isso antes mesmo de saber que um psicólogo tinha inventado um nome para a coisa. Diante do estresse, eu perguntava para mim mesmo ou para os outros: "Qual é a pior coisa que pode acontecer?"; e depois: "Quais são as chances de isso acontecer?". É uma ótima forma de pôr as coisas em perspectiva e reduzir os pensamentos negativos.

Vou dar um exemplo: imagine mais uma vez que esteja no trânsito e se irritando e se entupindo de cortisol. Os pensamentos negativos começam a surgir à medida que o estresse aumenta. Qual é a pior coisa que pode acontecer no trânsito? Esse é um fator de estresse tão banal para mim que tenho até dificuldade em criar o pior cenário possível. Acho que no fim das contas o pior seria ficar parado no congestionamento para sempre. Morrer de fome sentado no carro, cercado por um bando de idiotas que não param de buzinar. Essa é provavelmente a pior coisa que pode acontecer no trânsito, e a probabilidade é baixíssima. Além disso, eu largaria o carro e iria para a lanchonete mais próxima ou pediria para me entregarem uma pizza de moto no engarrafamento antes que a coisa chegasse a esse ponto. Eu na verdade já fiz esse exercício mental, e imaginar isso ajuda a desviar a atenção do fato de chegarmos alguns minutinhos atrasado no trabalho.

Mas e se a pior coisa que poderia acontecer já aconteceu? Bom, em primeiro lugar, isso é péssimo, e eu lamento muito que você esteja enfrentando isso, seja lá o que for. Por outro lado, é chegado o momento de usar outra frase frequente nos meus diálogos interiores: *Não é o fim do mundo*. Às vezes o pior acontece, mas saber que a pior parte já ficou para trás significa que a partir dali

---

80 Ellis, Albert. *Reason and Emotion in Psychotherapy*. Oxford: Lyle Stuart, 1962.

a situação só pode continuar a mesma ou melhorar. Não dá para ficar pior do que o pior cenário possível; isso é parte da definição do conceito. Imaginando o pior cenário possível, nós nos colocamos em condições de retomar o pensamento otimista.

Em resumo, é importante entender que temos a tendência de nos concentrar nas possibilidades e nos resultados negativos, e é preciso tomar alguma atitude quanto a isso quando se torna uma coisa problemática. Mudar nossa linha de raciocínio e pôr as coisas em perspectiva pode ajudar a suprimir os pensamentos negativos indesejáveis.

RESUMINDO:
- Nós temos uma tendência a nos concentrar na negatividade; podemos atenuar isso redirecionando nossos pensamentos ou colocando as coisas em perspectiva.

9

Sobrecarga e exaustão

Quando me propus a escrever este livro, comecei pensando não nos conselhos e nas histórias que queria contar, mas nas perguntas mais frequentes que as pessoas costumavam me fazer. Também dei a amigos a oportunidade de propor seus questionamentos e os incorporei ao texto. Um deles, considerei que merecia sua própria seção. Foi da minha amiga Jessica. Ela perguntou: "Que conselho você daria para uma pessoa que está se sentindo sobrecarregada e exausta? Como é possível reverter a espiral descendente do estresse e encontrar o caminho da tranquilidade?".

Uma ótima questão, e muito relevante. Antes de entrar no assunto, preciso avisar que, na minha resposta, eu parto do pressuposto de que a sobrecarga e a exaustão são resultado de uma condição de estresse temporária ou de curto prazo, e não fruto de um período prolongado de estresse que vai minando as pessoas pouco a pouco e comprometendo sua saúde. Uma situação desse segundo tipo pode exigir orientação médica, e sua solução vai muito além do tipo de conselho que vou apresentar aqui. Também suponho que a pessoa em questão não esteja sofrendo um colapso nervoso, insuficiência adrenal ou algum outro problema para o qual o tratamento com remédios é mais adequado. Em vez disso, eu trato sobre o que está ao nosso alcance para romper o ciclo de exaustão emocional causado por uma reação normal de estresse a uma determinada situação. Quem está lidando com questões mais complexas também pode se beneficiar da leitura, mas deveria procurar ajuda profissional também.

Ao longo deste livro tenho trazido vários conselhos, mas grande parte do que sugeri tem como objetivo desenvolver nossa habilidade de controlar o estresse no longo prazo. O melhor momento de nos concentrarmos nas nossas habilidades de lidar com o estresse é quando não estamos estressados. Você não vai querer esperar até que haja um urso correndo na sua direção para começar a ler este livro, certo? Infelizmente, as pessoas às vezes só procuram respostas quando a necessidade surge, e não quando estão em melhores condições de colocá-las em prática. Mas, quando estamos nos sentindo pressionados e precisamos de um alívio imediato, existem algumas coisas que podemos fazer para ajudar nosso corpo a se acalmar.

A primeira coisa, e com certeza você já ouviu falar disso antes, é respirar. Respire fundo várias vezes. Sim, você leu até aqui para dar de cara com uma coisa que já sabia. *Mas, Brian, respirar é uma coisa tão banal*, você está pensando, *e estou sentindo tanto o peso da sobrecarga que isso não vai ajudar em nada!* Mas é isso mesmo: controlar a respiração ajuda, sim, a reduzir os efeitos do estresse. Respirar não é como a maioria das outras funções corporais. Normalmente é involuntária, o que significa que você vai fazer isso querendo ou não e, muitas vezes, sem ao menos pensar a respeito. Mas também pode ser voluntariamente controlada. Entre todas as alterações fisiológicas que podem ocorrer durante uma reação de estresse, pouquíssimas delas podem ser controladas pela mente consciente. Você pode alterar sua respiração, mas tente fazer isso com seu fluxo sanguíneo ou sua vasoconstrição (aliás, tente acertar a grafia dessa palavra sem ajuda, como eu fiz aqui). Conforme explicado em um capítulo anterior, quando ficamos estressados, ativamos nosso sistema nervoso simpático para preparar nosso corpo a reagir, o que inclui acelerar a respiração. Quando tornamos nossa respiração mais lenta de forma deliberada, isso leva nosso sistema nervoso simpático a nos acalmar, e, quando esse sistema atua, as demais reações fisiológicas ao estresse também são reduzidas. Respirar fundo é uma técnica universalmente reconhecida para acalmar o corpo e a mente e constitui boa parte das práticas de meditação. Portanto, se você já ouviu falar disso antes, é porque funciona.

A segunda coisa que eu recomendaria é se exercitar. Uma atividade física, *qualquer uma*, vai ajudar seu corpo a se acalmar bem depressa. Isso, aliás, faz todo o sentido se você vem acompanhando com atenção o que foi discutido até aqui. Se o estresse é a reação do cérebro a uma percepção de ameaça que coloca o corpo em estado de alerta para entrar em ação, então faça isso. Tecnicamente falando, o estresse existe para gerar atividade física. Seu corpo se prepara para lutar ou fugir? Pois é, isso é atividade física. Se exercitar é sem dúvida a melhor forma para reduzir o estresse de forma rápida e efetiva. Eu tinha um colega de apartamento que usava uma estratégia incrível para lidar com o estresse; sempre que se sentia agitado, deitava no chão e fazia uma série de flexões. Quando se levantava, estava tranquilo e pronto para fazer aquilo que o estava deixando inquieto. Você não precisa fazer flexões, mas, se puder se ocupar com algum tipo de atividade de alta intensidade, essa é uma forma excelente de dissipar o cortisol acumulado. Pense no que acontece quando você tem uma reação de estresse e não dispõe de uma oportunidade para realizar alguma atividade física. Por exemplo, imagine que está ao volante do seu carro. Você se estressa, seu corpo se enche de hormônios e não há nada a fazer a não ser ficar marinando no próprio cortisol. Credo. O exercício físico é a melhor forma de obter um alívio imediato do estresse. Pena que pouquíssima gente faz isso.

A terceira coisa que eu sugiro é simplesmente sorrir, mesmo que precise ser uma coisa forçada. Pelo que mencionei anteriormente sobre a Teoria das Emoções, de James-Lange, você provavelmente já sacou que sorrir e dar risada nos deixa feliz. E lembre-se de que o cérebro interpreta os sinais fisiológicos do corpo para determinar seu estado emocional. Existem alguns estudos que demonstram que podemos elevar nosso estado de humor enganando nosso cérebro e levando-o a achar que estamos sorrindo. Uma forma de fazer isso é pegar uma caneta, um lápis ou coisa parecida e prendê-lo horizontalmente entre os dentes.[81] Isso cria uma configuração facial similar a um sorriso e imediatamente eleva o estado de humor da maioria das pessoas. Além de comprovar a teoria de James-Lange, essa também é minha forma de intervenção favorita contra os sentimentos negativos. Você pode experimentar: se algum dia estiver se sentindo para baixo e nada for capaz de elevar seu astral, coloque a caneta na boca! Pode experimentar, não vai doer. Só não vá morder com muita força.

O efeito varia de pessoa para pessoa, claro, mas em termos gerais, quanto mais sorrimos, mais felizes ficamos. Você já ouvir falar na frase: "Continue fingindo até virar verdade"? Nesse contexto, ela é absolutamente verdadeira. Até as injeções de Botox, que nos impedem de franzir a testa e fechar a cara, podem aumentar nossa felicidade.[82]

Eu recomendo que todas as três intervenções citadas aqui sejam feitas regularmente, mas a que parece despertar maior interesse das plateias na palestra é o truque da caneta. Certa vez, depois de um seminário em Palm Springs, recebi um e-mail muito legal de uma pessoa que estava lá e usou esse truque para lidar com o estresse quando estava no trânsito sempre pesado do sul da Califórnia. Ela escreveu:

> No dia seguinte fui de carro a Los Angeles. Eu estava apreensiva, porque meu marido ia ficar em casa (em geral viajamos juntos), e, embora o motivo da visita fosse positivo, havia vários fatores de estresse envolvidos. Pensando no que ouvi na sua palestra, me concentrei em não me preocupar e fiquei pensando no tempo que teria para ouvir minhas músicas favoritas enquanto dirigia.
>
> No começo da viagem, o trânsito estava leve, e eu fui ouvindo Johnny

---

[81] Strack, Fritz; Martin, Leonard L.; Stepper, Sabine. Inhibiting and Facilitating Conditions of the Human Smile: A Nonobtrusive Test of the Facial Feedback Hypothesis. *Journal of Personality and Social Psychology*, v. 54, n. 5, 1988, pp. 768-777.

[82] Lewis, Michael B.; Bowler, Patrick J. Botulinum Toxin Cosmetic Therapy Correlates with a More Positive Mood. *Journal of Cosmetic Dermatology*, v. 8, n. 1, fev. 2009, pp. 24-26.

Mathis. Quando cheguei a Beaumont, o nervosismo começou a bater. Meu coração se acelerou, estava difícil respirar, comecei a tremer... Era um ataque de ansiedade! O cortisol estava correndo solto nas minhas veias! Pensei no que você falou e, apesar de não ter uma caneta à mão, juntei os dentes e forcei um sorriso. E esse simples esforço imediatamente acabou com a ansiedade! O cortisol parou de fluir. Continuei fazendo isso por mais uns quarenta quilômetros, mais ou menos. E, pelo resto da viagem, não senti nem o menor sinal de ansiedade, simplesmente abri um sorrisão e ficou tudo bem.

Quando fomos novamente à região de Palm Springs, Sarah, Alyssa e eu nos encontramos com Suzanne, a mulher que me mandou esse e-mail, e fizemos uma nova amiga.

AGORA, PARA QUEM ESTÁ SÓ FOLHEANDO:
Três coisas que podemos fazer no momento de estresse para nos acalmarmos:
- Respirar fundo
- Uma atividade física
- Forçar um sorriso

O dinheiro não traz felicidade, mas as dívidas tiram

Em algum momento do ensino médio, tive uma epifania. Eu tinha a impressão de que todo mundo costumava relembrar os tempos de colégio ou de faculdade como a melhor época da vida e se contentava com uma experiência menos satisfatória na idade adulta. Talvez eu tenha conhecido gente demais com sonhos não realizados, mas, seja como for, percebi que não queria que meu auge na vida fosse o ensino médio, a faculdade ou qualquer ponto do passado. Queria viver minha vida ao máximo em todas as idades e, quando me perguntassem sobre a melhor época da vida, eu poderia dizer sem problemas que era o presente. Não queria ficar vivendo no passado ou apontando para um futuro incerto. Não foi uma conclusão totalmente sem base; várias práticas de meditação, como a de atenção plena, ou *mindfulness*, que se mostram muito úteis na redução de estresse, ensinam as pessoas a se concentrar em estar presentes no momento.

Infelizmente, quando entrei na faculdade, minha percepção zen e sensível acabou se transformando em outra coisa. Talvez fosse porque eu estivesse mais perto de assumir uma posição no mercado de trabalho, mas comecei a me dar conta de um paradoxo peculiar. Ao que parecia, dinheiro e tempo eram inversamente relacionados. Como jovem universitário, eu tinha tempo de sobra e recursos de menos; mas, como um adulto trabalhador, seria uma sorte conseguir um emprego que me desse duas semanas de férias por ano, mas, segundo imaginava, eu teria uma quantidade substancial de recursos à disposição. Minha solução foi curtir ao máximo enquanto tinha tempo e pagar a conta mais tarde, quando tivesse dinheiro. Eu gostaria de ter tido a sabedoria de não viver o momento sacrificando o futuro, porque nisso acabei vivendo em um nível bem acima do que minhas condições permitiam. Enquanto a maioria dos universitários vivia à base de miojo e cerveja barata, eu gastava demais para um cara que trabalhava em uma lanchonete *fast-food*.

As empresas de cartão de crédito adoram consumidores com o meu perfil. Elas praticamente passavam distribuindo cartões pré-aprovados no centro acadêmico, e eu aceitava todos de bom grado. Não demorou muito para minha carteira ficar cheia de cartões com limites estourados, pagando um com o que sobrava do limite do outro para conseguir me manter. No fim, acabei conseguindo um financiamento estudantil, que, além dos meus estudos, ainda foi suficiente para pagar os juros pesados dos cartões de crédito. Eu só precisaria começar a pagar as parcelas do empréstimo do financiamento estudantil depois de formado, então me pareceu uma ótima forma de ganhar tempo. Mas no fim foi a pior decisão financeira que já tomei.

Eu contraí dívidas pesadas para curtir umas experiências a mais na faculdade.

Você deve conhecer a frase "o dinheiro não traz felicidade", já que ela é usada o tempo todo. Sempre que a ouço, é em tom de lição de moral para desincentivar o materialismo e a ganância e lembrar as pessoas de se concentrar nos relacionamentos umas com as outras e nas coisas que de fato as fazem felizes. E as pesquisas parecem confirmar que o dinheiro não compra felicidade para a maioria das pessoas. O aumento de renda não traz aumentos correlatos de felicidade.[83] Mas, como um golfista milionário comenta com outro em um conhecidíssimo cartum da *New Yorker* de autoria de Pat Byrnes: "Os pesquisadores dizem que eu não sou mais feliz por ser mais rico, mas você sabe quanto ganha um pesquisador?".

Eu fiz questão de qualificar minha afirmação anterior dizendo que ela vale para "a maioria das pessoas", porque as pesquisas também mostram que um grupo específico relatou maiores níveis de felicidade quando passou a ganhar mais dinheiro: aquele que vive abaixo da linha da pobreza. Quando você

---

[83] Existem muitos exemplos, mas uma pesquisa que costumo citar bastante é a da *Revista Time*/SRBI (2004).

está na pior, mais grana significa mais felicidade. Em termos bem simples, o dinheiro traz felicidade para os pobres porque ajuda a aliviar o estresse da pobreza. Quando você precisa se preocupar em como obter coisas elementares, como habitação, comida e segurança, é difícil ser feliz o tempo todo. Você está diante de ursos bastante reais, que estão prestes a atacar. Pesquisas recentes sugerem que o básico para a felicidade pode ser um pouco mais do que apenas sair da linha da pobreza, mas desconfio que isso se deva ao nível de endividamento. Quando o endividamento é alto, até mesmo uma renda elevada não basta para aliviar o estresse causado pelas necessidades básicas. É por isso que, em cidades como São Francisco, você encontra pessoas que ganham um salário relativamente alto penando para conseguir sobreviver (sei disso por experiência própria). No entanto, quando tiramos de cena o estresse da pobreza ou do endividamento, o aumento de renda não gera mais felicidade.

Isso é contraintuitivo para nós, porque muitos vivemos situações em que algum dinheiro a mais foi motivo de alegria. No início da minha carreira, lembro de ter recebido um pequeno aumento de salário, que no início era de 3,35 dólares a hora (sim, eu sou velho a esse ponto), e de ter ficado todo feliz, e que ao receber o primeiro contracheque depois de terminar a pós-graduação saí dançando pelas ruas. Essas experiências bastam para condicionar nosso cérebro a pensar que a felicidade duradoura vem com uma etiqueta de preço e que, no dia em que conseguirmos nos dar bem em Las Vegas (ou ganhar na loteria), tudo vai ficar uma maravilha. Mas a felicidade que sentimos quando ganhamos um bom dinheiro é fugaz e momentânea. No fim, nos acostumamos com a riqueza e precisamos de outra felicidade momentânea. Os psicólogos chamam isso de "esteira hedônica" ou "adaptação hedônica".[84]

Eu gosto de explicar a adaptação hedônica analisando os carros que tive ao longo da vida. Me lembro de quando ainda era um estudante pobre no ensino médio que não queria que aquele fosse o auge de sua vida. Eu precisava subir

---

84 Kahneman, Daniel; Diener, Edward; Schwarz, Norbert (Orgs.) *Well-Being: Foundations of Hedonic Psychology*. New York: Russell Sage Foundation, 1999.

uma ladeira de oito quilômetros para ir à escola todos os dias, às vezes com a neve pesada na região central do Texas até os joelhos; além disso, eu não tinha pés. Só pude comprar pés no terceiro ano do ensino médio, e precisei competir no concurso de jalapeños me equilibrando em cotocos. Como muitos outros garotos, principalmente na zona rural do Texas, eu mal podia esperar para tirar minha carteira de motorista. Isso me deixaria feliz, e deixou mesmo. Eu me esforcei, me saí bem nas aulas de direção, gabaritei a prova e até cortei o cabelo para a foto. Ter uma carteira de motorista me deixou tão feliz que passei uma semana olhando para ela o tempo todo, e até a deixava debaixo do travesseiro na hora de dormir. Minha mãe às vezes me emprestava o carro dela, e eu ficava empolgadíssimo com essa oportunidade, mas com o tempo me acostumei e me adaptei a essa realidade. Minha carteira de motorista não era mais uma fonte de alegria, então me voltei para a ideia de comprar um carro. Eu sabia que ter meu próprio veículo enfim me faria feliz e economizei até conseguir comprar meu primeiro carro, que, com o perdão da má palavra, era uma puta de uma bosta. Mas eu o adorava assim mesmo. Eu o deixava sempre limpo e dirigia sempre que podia, inclusive o deixava estacionado debaixo da janela do meu quarto para poder ficar sempre de olho. Com o tempo, me adaptei a isso também. Simplesmente ter um carro não era mais motivo de alegria. Eu precisava de um maior, mais bonito, moderno, que causasse uma boa impressão... talvez um Mustang conversível – afinal, ter um teto é a maior caretice. Na verdade, eu nunca dei muita bola para carros, mas é fácil perceber como esse tipo de comportamento pode acabar gerando uma espécie de eterna corrida, além de dívidas pesadas, se não tomarmos cuidado.

Há pouco tempo, eu estava conversando com um amigo, que me perguntou se deveria ir a um determinado show. Ele tem problemas financeiros desde que nos conhecemos e chegou viver como um sem-teto, precisando dormir no carro todas as noites. Eu recomendei que ele economizasse aquele dinheiro, e sua resposta foi: "São só dez pratas. De que adianta economizar se eu vou continuar falido?". Era uma mentalidade que eu compreendia bem, pois já pensei dessa forma, só que é o tipo de postura que nos impede de sair de uma situação assim. Imagine alguém de dieta afirmando para si mesmo: "É só mais um pedaço de bolo. De que adianta me privar de comer se vou continuar gordo?". Ou: "De que adianta fazer cinco abdominais? Eu ainda prefiro ficar no sofá sem fazer nada". Infelizmente, esse tipo de pensamento parece fazer sentido, mas, se quisermos mudar nossa situação, precisamos quebrar o ciclo de comportamentos que nos levou até lá. Essas pequenas medidas pouco a pouco começam a fazer diferença.

É verdade que o dinheiro não traz uma felicidade duradoura, mas ter dinheiro no banco e o mínimo possível de dívidas é uma ótima forma de reduzir o estresse. Sem esse estresse atrapalhando sua vida, você fica livre para ir atrás das coisas que de fato podem trazer felicidade. Sabe como é, aquelas coisas que eu mencionei nas seções anteriores.

Uma das maiores fontes de estresse na nossa vida é o dinheiro e, junto, como convencer as outras pessoas a nos pagar pelo nosso trabalho. Mencionei anteriormente a importância de se sentir no controle. A não ser que você seja seu próprio patrão, o trabalho costuma ser algo sobre o qual temos pouco controle. Ter algum dinheiro no banco é uma ótima forma de aumentar essa sensação de controle. Pense bem: sentir-se no controle significa ter a capacidade de resolver o problema ou de se afastar dele quando quiser. Dinheiro no banco pode não tornar a pessoa para quem você trabalha mais tolerável nem ajudar a resolver sua situação profissional, mas, se a situação ficar muito ruim, pelo menos é possível pedir as contas e ir embora quando quiser. Isso é uma espécie de controle e uma forma relevante de reduzir o impacto que um emprego de merda pode ter sobre a sua saúde. Quem mal consegue pagar as contas no fim do mês não conseguiria ter essa mesma sensação de controle.

Por viver cercado de gente criativa, sempre escuto pessoas dizendo: "Não estou nem aí para dinheiro". Eu entendo o que isso quer dizer – que seu principal interesse na vida não é o de acumular riquezas –, mas a penúria financeira é uma fonte de estresse, e o estresse prejudica demais a saúde. Eu gostaria que elas se importassem pelo menos um pouquinho com dinheiro.

No fim, acabei conseguindo pagar todas as minhas dívidas do financiamento estudantil e ainda fazer uma poupancinha. Isso exigiu muito sacrifício e uma boa dose de comprometimento durante anos, porém, somadas, cada pequena atitude nesse sentido deu sua contribuição. (Mas eu bem que poderia ter comido aquela fatia de bolo a mais.) Hoje minha vida está bem mais próxima da epifania que tive na época do ensino médio, e sinceramente posso dizer que todos os anos em que vivi sem dívidas foram os melhores da minha vida, cada um melhor que o anterior. Até minha disposição de formar uma família foi influenciada pela mudança da minha condição financeira.

E AGORA, PARA QUEM ESTÁ SÓ FOLHEANDO:

- O dinheiro e as questões financeiras são algumas das nossas maiores fontes de estresse. Economizar e contrair o mínimo possível de dívidas pode ser de uma tremenda ajuda para aliviar o estresse.

Eu consegui sair do meu atoleiro financeiro, mas não sou de forma nenhuma um especialista no assunto. O que funcionou para mim se deveu às minhas circunstâncias bastante específicas, e provavelmente não daria certo para muita gente. Eu sou só um exemplo, não um especialista. Quem você consideraria a melhor pessoa para pedir conselhos sobre como perder peso: alguém que dedicou a vida a estudar o tema ou alguém que conseguiu perder cinquenta quilos? Claro que o especialista vai saber nos dar o conselho mais adequado ao nosso caso, mas isso não impede que a pessoa que tem uma história que serve de exemplo escreva um livro. Confiar mais em exemplos individuais do que na análise de um especialista é um tipo comum de falácia, e, se você precisa de um aconselhamento sério sobre questões financeiras, eu sempre prefiro recomendar alguém que entenda do assunto.

Por outro lado, posso falar de algumas coisas que ajudaram. A primeira foi perceber que, para cumprir meu objetivo, teria que simplesmente abrir mão de algumas coisas. Várias, na verdade. Cortei gastos como jantar fora e compras por impulso. Também sacrifiquei alguns luxos, como TV a cabo e internet. Sem os canais a cabo, passei a ver menos televisão, e sem internet em casa passava mais tempo fazendo outras coisas. Quando precisava fazer alguma coisa on-line, usava o *wi-fi* gratuito de algum lugar ou resolvia a questão no trabalho, no dia seguinte. Isso tornou mais fácil também ficar sem celular. A partir daí, comecei a procurar outras formas de gastar menos, analisando meu extrato bancário atentamente a cada semana.

A segunda coisa a fazer era amortizar as dívidas. A cada mês, uma boa parte da minha renda era direcionada aos pagamentos mínimos de alguns cartões de crédito e às parcelas do financiamento estudantil. Decidi começar a saldar as dívidas com os cartões de acordo com o tamanho da dívida, então depois de fazer os pagamentos mínimos eu direcionava o máximo que pudesse ao cartão ao qual eu devia menos. Como era possível fazer isso pela internet, também economizava em selos e envelopes, já que não precisava mandar nada pelo correio. Em determinados meses eu fazia de três a cinco pagamentos ao mesmo credor, abatendo a dívida pouco a pouco. A cada fatura que eu quitava totalmente, havia uma parcela mensal a menos para pagar e mais dinheiro disponível para saldar a próxima.

A terceira questão era a necessidade de aumentar minha renda o máximo possível. Como eu tinha um emprego de período integral, não havia como me comprometer com um segundo trabalho, então esse era um fator limitante. Por outro lado, eu poderia conseguir dinheiro me desfazendo de pertences pessoais desnecessários. Vendi, no eBay, eletrodomésticos, móveis, artigos colecionáveis e várias outras coisas que não me fariam falta e, na Amazon, meus livros usados. Nesse processo, descobri que tinha um livro raro, o que me deu um belo lucro. Vasculhei o eBay em busca desse livro, comprei várias cópias por um preço bem mais baixo do que consegui na minha e revendi tudo na Amazon por mais um lucro considerável. Também aluguei um quarto extra no apartamento para ter um dinheiro a mais e rachar as despesas. Se coisas como Airbnb, Uber e Lyft existissem na época, eu também teria aproveitado as oportunidades que esses aplicativos oferecem.

Através de uma combinação de redução de consumo, comprometimento com o pagamento das dívidas e incrementos ocasionais de renda, fui capaz de reverter minha situação. Pensando bem, talvez não seja uma coisa tão restrita ao meu caso, mas mesmo assim é melhor você consultar um especialista a esse respeito.

A maior ironia da minha vida moderninha

Você sabia que é possível sentir os efeitos do estresse sem estar ciente da presença do estresse em si? Às vezes, não conseguimos localizar a fonte de uma tensão – não existem ursos atacando, nem engarrafamentos de trânsito, nem unicórnios imaginários a procurar – e mesmo assim, de alguma forma, sentimos a ativação da nossa reação habitual ao estresse.

Ter uma família torna as pessoas saudáveis – as estatísticas indicam isso. Em média, os homens casados vivem mais que os solteiros, e pessoas com filhos são mais longevas do que as que não têm. Nossos parceiros e parceiras se preocupam com nosso bem-estar e nos incentivam a fazer escolhas mais saudáveis, e os filhos nos ajudam a nos manter fisicamente ativos em uma época da vida em que existe uma tendência ao sedentarismo. Mesmo ciente disso, por algum motivo evitei as duas coisas pela maior parte da vida e consegui sobreviver como homem solteiro e sem filhos até os 40 e poucos anos.

Não que eu fosse um modelo de boa saúde – eu seria um bom exemplo para a foto do "antes", e não do "depois" –, mas fui levando a vida sem grandes preocupações. Nunca estive no meu peso ideal, mas ainda não sofri nenhum dos efeitos nocivos à saúde do sobrepeso. A não ser, claro, o tormento da vida de todos os gordos: as escadas. Era tudo uma questão de escolhas ruins em termos de dieta e exercícios – escolhas inconscientes, apesar de eu ter consciência delas (como preferir ficar no sofá em vez de ir à academia ou comprar chocolates e cookies sem nem pensar no que estava fazendo). Por outro lado, sei que o meu controle do estresse contribui para a minha saúde e que é possível amenizar os efeitos de um estilo de vida indesejável lidando bem com o estresse. Entre os riscos associados à obesidade estão hipertensão e diabetes, e entre os efeitos nocivos à saúde em função do estresse prolongado estão – adivinha só – hipertensão e diabetes. Imagine estar acima do peso e carregar o peso metafórico do mundo nos ombros por causa do estresse. Eu podia comer mal e ser preguiçoso, mas pelo menos não estava estressado. Então veio Sarah e mais tarde uma filha.

Sarah é terapeuta ocupacional e, portanto, faz parte da comunidade dos profissionais de saúde. Às vezes eu trabalho com pessoas envolvidas na assistência à saúde, mas na prática sou só um cara com formação em psicologia que conta piadas. Existe um clichê segundo o qual, quando uma mulher encontra um homem, com certeza vai querer mudá-lo, e eu era um ótimo projeto de terapia ocupacional. E existe outro clichê segundo o qual os homens odeiam ir ao médico. Eu não tinha nem plano de saúde até o presidente Obama criar um que na prática é irrecusável. Acho que, apesar de nossos estilos de vida pouco convencionais, Sarah e eu no fundo somos um casal clichê.

"Você precisa ir ao médico!", ela dizia. Mas eu não queria; já sabia que precisava perder peso e teimosamente achava que era essa a única recomendação que receberia em troca do dinheiro que desembolsaria ao consultar um profissional de saúde. A coisa mudou de figura quando nossa filha entrou em nossa vida. E ainda assim Sarah precisou se esforçar para me convencer a fazer um *check-up*. Durante um período de folga nas turnês, fomos passar um tempo com os meus pais, e eu marquei o que imaginei ser uma consulta de rotina em uma clínica médica.

Minha pressão arterial estava alta. Assustadoramente alta. Tipo, eu poderia cair morto a qualquer momento.

A maior ironia da minha vida moderninha

Pela primeira vez na vida, temi que as minhas más escolhas de vida finalmente estivessem cobrando seu preço, e pouco antes do nascimento da minha filha. Fiquei com medo, e o estresse começou a pesar. Eu já seria um pai de primeira viagem mais velho que a maioria, e pensar que meu tempo com Alyssa pudesse ser abreviado por um infarto ou um derrame era uma ideia insuportável. Além disso, o meu cérebro é tudo o que eu tenho! Passei a vida inteira tentando preenchê-lo de diversas formas: de Shakespeare ao Talmude, fórmulas de Einstein, músicas dos Beatles, e inclusive ao escrever isso agora estou parafraseando uma frase do filme *Flash Gordon*, de 1980.[85] Na verdade, meu cérebro deve guardar muito mais citações de filmes do que de literatura, e ainda por cima eu nunca li o Talmude. Ninguém vive para sempre, mas eu não quero deixar de desfrutar de um tempo precioso com minha filha se puder fazer alguma coisa a respeito.

Na minha consulta médica mencionei algumas outras questões para as quais eu não dava muita bola até então, mas que poderiam ter alguma relevância para o meu caso. Nos anos anteriores, eu vinha sentindo dores pelo corpo, nos músculos e nas articulações. Vinha me sentindo cada vez mais letárgico e dado a cair no sono do nada durante o dia, de forma incontrolável, quase como um narcoléptico. Atribuí tudo isso ao meu peso, que vinha subindo cada vez mais na época, apesar de eu ter adotado uma dieta relativamente saudável e um regime de exercícios. O médico se virou para Sarah e perguntou: "Ele ronca?". Pode acreditar, como um urso em hibernação.

O médico imediatamente falou que poderia ser apneia do sono e expressou sua preocupação.

Na verdade, eu já desconfiava que podia sofrer de apneia do sono fazia um bom tempo àquela altura, pelo menos uns dois anos. Eu tinha saído em turnê com um amigo comediante por algumas semanas e me lembro de que em todas as viagens depois das apresentações ele apagava no assento do passageiro

---

[85] Como uma legítima cria da década de 1980, estou citando a explicação do dr. Hans Zarkov sobre o motivo por que o dispositivo de apagamento de memória de Ming não funcionou com ele: "Enquanto eu estava caindo sob seu efeito, comecei a recitar Shakespeare, o Talmude, as fórmulas de Einstein, tudo o que consegui me lembrar, até uma música dos Beatles".

mesmo depois de ter virado várias latas de energético. Eu dirigia, e ele roncava, o que o tornou um dos meus companheiros de estrada menos interessantes de todos os tempos. Com frequência sua respiração parava, ele acordava brevemente e resmungava alguma coisa incompreensível antes de cair no sono de novo e retomar o ciclo (mais ou menos como fazia em seu número de comédia). Nós tínhamos o mesmo tipo físico, e eu sabia que roncava alto, mas até vê-lo sofrer para respirar durante o sono nunca tinha me passado pela cabeça que eu poderia ter o mesmo problema. E com certeza jamais pensei que precisaria de tratamento para isso. Na verdade, achei que, se emagrecesse, porque vivo ganhando e perdendo peso o tempo inteiro, isso resolveria o problema para mim.[86] Além disso, pensei que não fosse nada sério, só um ronco excessivo. E as mulheres sempre podem usar protetores de ouvido, se for o caso.

O que posso dizer em minha defesa? Eu não sou médico.

Depois da consulta, decidi fazer um pouco de pesquisa. Descobri que a apneia do sono é muito mais do que um ronco excessivo. De tempos em tempos, durante a noite, minha garganta bloqueava a passagem de ar para os meus pulmões. Compreensivelmente, não receber oxigênio é percebido pelo cérebro como uma grande ameaça. Assim como qualquer outro fator de estresse, só que potencialmente muito mais sério, esse bloqueio produz uma dose pesada de cortisol para me acordar. Isso acontecia três ou quatro vezes por noite, tornando quase impossível ter um período prolongado de sono, o que me deixava letárgico e sonolento durante o dia.

Assim que fiquei sabendo da participação do cortisol no problema, tudo fez sentido para mim. Além de eu receber doses periódicas de cortisol durante a noite, a privação do sono é interpretada pelo corpo como uma forma de estresse (nosso corpo meio que precisa mesmo dormir). Sendo assim, o corpo gera uma reação fisiológica, assim como diante de qualquer outro fator de estresse.[87] O

---

[86] Isso não é verdade; aliás, várias pessoas que estão em ótima forma física também sofrem de apneia do sono.

[87] Takada, G. et al. Sleep Apnea and its Association with the Stress System, Inflammation, Insulin Resistance and Visceral Obesity. *Sleep Medicine Clinics*, v. 2, n. 2, jun. 2007, pp. 251-261.

cortisol, o hormônio do estresse, é um grande fator contribuinte para doenças cardíacas, obesidade, diabetes, impotência e quase todos os problemas mantais que você conseguir imaginar. Por vários anos, sem saber, eu vinha elevando meus níveis de cortisol durante a noite, e quase todos os dias sofria de privação de sono. Conforme mencionado antes, nossa reação de estresse não foi feita para ser ativada por um longo prazo, e isso estava contribuindo para minha pressão arterial elevada, minhas dores musculares e nas articulações e provavelmente mais um monte de outros sintomas que eu negligenciava. A apneia do sono também tornava dificílimo cumprir minhas outras obrigações durante o dia (como ficar acordado) e certamente era um fator envolvido na minha dificuldade de manter o peso sob controle.

Descobri que muita gente morre de apneia do sono e problemas relacionados. Muita gente. Felizmente existe um tratamento para essa doença, com uma máquina que provê pressão positiva contínua nas vias aéreas (CPAP, na sigla em inglês), para impedir que a garganta feche durante o sono. Existem outros tratamentos, mas para mim o CPAP nasal já dava conta do recado. Com exceção da sensação de que minhas narinas estavam sendo defloradas, minha primeira noite usando o aparelho me deu o melhor período de sono prolongado que já tive na vida. Meu corpo estava tão acostumado a se sentir cansado o tempo todo que a privação do sono tinha se tornado um estado natural. Depois da segunda noite com meu CPAP, acordei me sentindo bem como não me sentia fazia muito tempo, totalmente alerta e energizado. Não que estivesse pronto para sair para correr ou coisa do tipo, mas não senti dores no corpo quando fizemos uma caminhada pelo bairro e eu não pegava no sono diante do computador, nem precisava tirar cochilos. Me sentia bem de um jeito que sequer imaginava possível.

O problema da apneia do sono é que você passa bem menos tempo no sono profundo e restaurador porque é interrompido o tempo todo, e é preciso recomeçar tudo de novo até seu cérebro voltar a dormir. O sono é dividido em quatro estágios com base na atividade cerebral, rotulados de 1 a 4, e há também o sono REM (sigla em inglês para *rapid eye movement*), em razão dos movimentos acelerados dos olhos que ocorrem nesse estágio. Em um ciclo ininterrupto de sono, começamos a cochilar no estágio 1, nos tornamos menos conscientes dos arredores e mais relaxados nos estágios 2 e 3 e entramos no sono profundo no estágio 4. Isso é muito importante, porque o sono de ondas lentas e o sono REM são os estágios restauradores em que o corpo cresce (se ainda estiver nessa fase), regenera e fortalece os músculos e solidifica as lembranças de coisas que aprendemos ou vivenciamos durante o dia. A ausência do sono de ondas lentas significa que não estamos crescendo nem nos beneficiando muito dos exercícios que fazemos, e provavelmente estamos tendo dificuldade para aprender e lembrar. Os sonhos costumam ocorrer no sono REM, e um efeito colateral da apneia do sono é sua ausência. Além do cansaço e da vontade de dormir em momentos inapropriados, meu cérebro muitas vezes ia diretamente para o sono REM. Eu cochilava e sonhava no horário do almoço, ou sentado diante do computador tentando trabalhar, ou – talvez uma das piores situações imagináveis – parado no farol vermelho no trânsito.

No primeiro dia de tratamento com o CPAP, de acordo com os gráficos, meu cérebro passou bem mais tempo no sono REM do que de costume, pois estava tentando compensar o sono perdido. Depois da minha primeira semana no aparelho, eu não só estava dormindo melhor, mas sonhando de novo.

Outra questão sobre a apneia do sono é que ela contribui para a formação de maus hábitos relacionados ao ato de dormir, e assim acaba perpetuando uma espiral descendente muito negativa. Desde que consigo me lembrar, sempre tive dificuldade para dormir à noite e acordar cedo. É uma coisa bem conveniente para um comediante, mas torna a vida bem difícil no ensino médio, e acordar atrasado acaba gerando estresse. Eu inclusive me preocupava em não conseguir acordar na hora certa. Ao longo do tempo, meus hábitos foram piorando cada vez mais, até chegar ao ponto em que eu só conseguia dormir quando meu corpo apagasse de exaustão. Ficava deitado na cama com a cabeça a mil, em uma tentativa inútil de pegar no sono. Quando era mais novo, passava a maior parte da madrugada vendo televisão, ou na internet depois de adulto, até meu corpo não aguentar mais e eu capotar.

Minhas manhãs eram igualmente difíceis, em geral com três ou quatro alarmes programados para tocar, quando eu repetidamente apertava o botão soneca e continuava dormindo. Em algumas ocasiões, em que era importante acordar cedo no dia seguinte, eu dormia com as luzes do quarto acesas. Isso pode parecer contraproducente, mas, se por um lado as luzes tornavam mais difícil pegar no sono, por outro tornavam mais fácil acordar. Em geral, independentemente de quanto tivesse dormido na noite anterior, acordava grogue, nem um pouco descansado, e demorava um bom tempo para começar meu dia. Para completar, esses hábitos eram absolutamente irritantes para qualquer um que dividisse uma cama ou um quarto comigo. E, pelo menos em uma situação, para os meus vizinhos. Certa vez, depois de um dia de trabalho, do primeiro emprego que arranjei após terminar a pós-graduação, entrei no prédio e encontrei um bilhete na minha porta reclamando do meu ritual de vários alarmes matinais.

Depois de três semanas de tratamento com o CPAP, já era possível perceber uma mudança relevante nos meus hábitos. Eu ia para a cama toda noite em um horário decente (pelo menos para mim, o que significa por volta das 23h) e acordava de manhã sem precisar do despertador. Mal conseguia acreditar em como estava acordando cedo e totalmente revigorado no dia seguinte. Até hoje, ainda consigo acordar sem programar nenhum alarme, o que eu sequer conseguia imaginar quando era mais jovem.

Depois do meu diagnóstico, escrevi sobre apneia do sono nas redes sociais com a intenção de contribuir para a disseminação de informações sobre o problema. As pessoas me perguntavam se a máscara era desconfortável e me contaram que tinham dificuldades para usar as suas por um período mais prolongado. Demorei um tempo para me acostumar, mas o leve desconforto da violação nasal não é nada em comparação com o sofrimento de não dormir direito noite após noite – ou com os prejuízos à saúde associados à apneia, além de outros riscos e efeitos colaterais. Talvez mais caras topassem usar suas máquinas CPAP se a máscara fosse igual à do Darth Vader ou do Homem de Ferro. Ou talvez se soubessem que um paraquedista com nervos de aço da Divisão Aerotransportada também usa uma. Sim, meu amigo Cuban da entrevista usa uma antes de *pular de um avião* e depois de comer uma tigela de pregos com vidro moído no café da manhã.[88]

Depois de usar meu CPAP por quase seis meses, notei alguns efeitos de longo prazo e mudanças positivas na minha vida. Por exemplo, perda de peso. Eu jamais diria que a apneia do sono era o único fator que influenciava a minha luta constante contra a obesidade; a preguiça enraizada desde a infância provavelmente também teve muito a ver com isso. Eu não engordei por causa da apneia, mas isso provavelmente contribuiu, considerando uma vida inteira passada com baixo nível de energia e níveis elevados de cortisol. E, à medida que eu ganhava peso, os sintomas da apneia se tornavam cada vez piores, a ponto de eu continuar engordando mesmo mantendo uma dieta relativamente saudável. Era mesmo uma espiral descendente. Felizmente, depois de seis meses de tratamento, perdi quase vinte quilos, o que é incrível, não só porque pude diminuir alguns tamanhos no manequim e minha carreira de modelo decolou (até parece), mas também porque reduzi meus sintomas de apneia. Como costuma dizer meu consultor financeiro, que também sofre de apneia do sono, é possível perder peso suficiente para tornar a máquina desnecessária. Acredite em mim, a espiral ascendente é bem melhor.

Depois de quase um ano de tratamento, Sarah e eu voltamos a Montreal para uma visita, para dar uma olhada no imóvel que temos lá e curtir outro verão no

---

[88] Por favor, é brincadeira. Que eu saiba, isso ele não faz.

Quebec. O nome Montreal surgiu a partir de uma corruptela de Monte Real, encravado bem no meio da ilha. Como os Twin Peaks de São Francisco, a montanha fica em um parque e proporciona as vistas mais espetaculares da cidade. A joia da coroa é um lindo chalé localizado a mil e duzentos metros morro acima do estacionamento mais próximo. É uma subida tranquila, e todos os anos milhares de visitantes vão até lá para aproveitar a visão fantástica que é possível obter do centro da cidade. A primeira vez que fiz a subida foi antes de começar o tratamento com o CPAP, quando eu estava provavelmente na pior forma física da minha vida. Essa pequena escalada acabou comigo. Parece até loucura pensar nisso agora, mas só de andar alguns quarteirões eu já tinha dores terríveis nas costas e precisava parar para descansar várias vezes. Meus joelhos ficavam doloridos e minha barriga doía tanto nas laterais que tinha que parar diversas vezes, enquanto centenas de pessoas de todos os tipos físicos passavam tranquilamente por mim. Nessa visita mais recente, decidimos ir até o chalé de novo, e não senti nada. Logo Alyssa vai começar a correr por aí, e eu vou estar pronto para acompanhá-la (bom, talvez não tanto quanto gostaria).

Sempre me preocupei com o controle do estresse e com a felicidade e sempre levei uma vida feliz e sem estresse. Às vezes, sou atormentado por lembranças de momentos em que eu não tinha energia para fazer as coisas. Perdi oportunidades, dormi durante shows de música, filmes e outros tipos de espetáculo (sério mesmo: uma vez perdi metade da apresentação do Cirque du Soleil, e esses ingressos não são baratos) e decepcionei muita gente. Imagino que seja assim que um ex-viciado se sente quando pensa em seu antigo padrão de comportamento. Mas, em vez de remoer o passado, prefiro valorizar o presente e pensar em continuar melhorando.

Com maior clareza mental e energia. Quem poderia imaginar que ter que obrigar o coração a fazer sua respiração pegar no tranco várias vezes por noite poderia fazer tanto mal? Hoje eu respiro melhor durante o dia, quase nunca tusso ou pigarreio e não ronco à noite. Sou um palestrante melhor, tenho mais concentração e ao que parece estou escrevendo melhor – mas essa parte vou deixar para você julgar. Mas, o que é muito mais importante, sou um companheiro melhor para Sarah e um pai melhor para Alyssa.

Sempre soube que ter filhos me deixaria mais saudável, só não sabia que me tornar pai ajudaria minha vida dessa maneira. Imaginei que Alyssa me faria correr atrás dela e aumentaria meu nível de atividade física com brincadeiras e jogos, mas mesmo antes de nascer minha filha me causou um impacto positivo. Eu já era bastante resiliente, positivo e otimista, mas ela me tornou mais saudável. Espero que quando for mais velha ela possa olhar para trás e dizer o mesmo sobre seu pai. Seja ele quem for.

10

Encarando desafios

Entre a época em que comecei a pensar neste livro até o momento em que me sentei diante do computador em Denver e comecei a escrever, muita gente que me segue nas redes sociais começou a me mandar matérias jornalísticas sobre uma bebezinha chamada Harper Yeats. Com menos de seis meses de idade, Harper já tinha viajado para todos os cinquenta estados dos EUA.[89] Trata-se de um feito notável, que a maioria dos adultos provavelmente não vai realizar na vida; é compreensível a razão para ela ter chamado atenção da imprensa em sua jornada junto com os pais. O motivo por que tanta gente teve a ideia de compartilhar essa história comigo foi porque, mais cedo naquele ano, minha filha Alyssa havia feito a mesma coisa com um ano de idade. Nem Sarah nem eu achamos que nossa filha tinha estabelecido alguma espécie de recorde, mas uma pesquisa rápida revelou que a pessoa mais jovem a viajar para os cinquenta estados havia feito isso ao 3 anos. Logo depois que fiquei sabendo disso, Harper apareceu e estabeleceu o novo recorde para bebês viajantes. A glória durou pouco, mas pelo menos *nós* sabemos que por alguns poucos meses Alyssa foi a detentora desse título.

---

89 Para saber mais sobre essa história, ver: Karimi, Faith. *Harper Yeats Will Have Traveled to All 50 States This Week. She's Only 5 Months Old*. *CNN*, 15 out. 2018. Disponível em: <https://www.cnn.com/travel/article/harper-yeats-50-states-record-trnd/index.html>.

Assim como os pais de Harper, Sarah e eu não planejávamos impor uma jornada como essa à nossa filha; a coisa simplesmente aconteceu. Com minhas palestras e outros eventos e os compromissos de Sarah como terapeuta ocupacional, nossa agenda de viagens nos levou a 45 estados. Quando nos demos conta disso, decidimos adicionar os cinco restantes para que nossa filha pudesse se gabar de já ter passado por todos. Felizmente, três deles – Wisconsin, Dakota do Norte e Dakota do Sul – ficam a uma curta distância de carro de Minneapolis, em Minnesota, onde eu ainda tinha alguns trabalhos a realizar, e encontramos voos com preços ótimos de lá para o Alasca e o Havaí, os outros dois. Com um pouco de planejamento de última hora, Alyssa pôde visitar todos os cinquenta estados e inclusive comemorou seu primeiro aniversário na lindíssima praia de Waikiki. Nesse meio-tempo, também passou por cinco províncias do Canadá. Obviamente ela não tem muitas lembranças dessas aventuras, mas isso pode ser bom, porque seria dificílimo e caríssimo continuar inventando aniversários tão incríveis.

Antes de entrar no assunto desta seção, já vou logo avisando que não vou recomendar que você caia na estrada com um bebê para aliviar o estresse. Isso seria uma ideia ridícula e provavelmente inviável para a maioria das pessoas, embora a parte de fazer o bebê, incluída no planejamento, seja bem divertida. Acho que inclusive Sarah e eu não repetiríamos essa jornada, a não ser que as circunstâncias exigissem. Se tivermos outro filho, humm... desculpa aí, bebê, mas seria melhor você ter nascido primeiro.

O motivo para contar essa história é oferecer outro tipo de conselho para os pais e as mães. Quando anunciamos que Sarah estava grávida, muitos amigos nossos perguntaram se iríamos estabelecer nossa residência em algum lugar. Não fizemos isso nem pretendíamos, mas nos pareceu interessante o fato de tanta gente achar que sim. As viagens não só fazem parte do nosso ganha-pão como gostamos desse estilo de vida. Houve também outras perguntas e comentários peculiares de outros pais e mães, como o de um casal que não ia a um restaurante fazia um ano por causa do bebê, ou da amiga que dizia não poder sair de casa depois das oito da noite. Em pouco tempo percebemos que, para muita gente, ter um filho equivalia a uma pausa prolongada na vida adulta. Não é, e com certeza não precisa ser.

Descobrir como incorporar os filhos às atividades diárias exige uma boa dose de capacidade de resolução de problemas, o que ouvi dizer que faz bem para o cérebro. Existem vários livros e outras fontes de consulta disponíveis cheios de dicas sobre como criar os filhos, além de psicólogos e terapeutas ocupacionais para dar um bom aconselhamento, mas você na verdade não tem como prever ou se preparar para todos os desafios. Por exemplo, três semanas depois de nascer, nossa filha fez sua primeira viagem de avião (ironicamente, para Minneapolis; se soubéssemos, poderíamos ter nos antecipado e feito a visita aos estados vizinhos logo nessa viagem). Sarah e eu pesquisamos um pouco sobre o local e chegamos com bastante antecedência, mas ainda assim foi uma confusão. O principal incômodo nesse caso foi ficar arrastando o carrinho e a cadeirinha pelo aeroporto depois de estacionarmos o carro. Na viagem seguinte, dessa vez para Washington, já tínhamos um plano: despacharíamos tudo no terminal que ficava na calçada, onde Sarah e Alyssa me esperariam enquanto eu devolvia o carro alugado. Depois do terceiro voo, nosso sistema era despachar toda a bagagem na calçada, menos o carrinho, que usaríamos para transitar pelo aeroporto até o momento de fazer o *check-in* no portão de embarque. Em questão de dois meses e apenas três viagens, fomos de novatos a especialistas em viajar com bebês. E, nesse processo, Alyssa passou pelos primeiros dezesseis estados.

As viagens de avião oferecem boas oportunidades para praticar a resolução de problemas, mas nossa primeira travessia de carro pelo país foi um grande aprendizado. Em geral, as cidades pelas quais passamos nas turnês ficam a apenas algumas horas de carro umas das outras, mas acabamos em uma situação incomum, em que eu faria uma palestra na Universidade Rutgers, em Nova Jersey, e uma semana depois outra em Newport, no Oregon, que até onde me lembro não fica nada perto de Nova Jersey. Para tornar a viagem ainda mais apertada, eu marquei uma sessão de autógrafos de livros em Pittsburgh, na Pensilvânia, entre uma palestra e outra. Isso nos dava cinco dias para viajar 4.200 quilômetros, o que parecia viável na época em que marquei esses compromissos, quando eu era um cara a fim de trabalhar, mas não era pai de ninguém. Como não demoramos a descobrir, nossa bebê de dois meses não tinha uma tolerância das maiores a longos trajetos de carro. Mas nós nos adaptamos. Sarah inventou uma atividade chamada "hora da parada para cuidar da barriguinha", e no terceiro dia percebi que estávamos interrompendo a viagem com frequência demais para trocas de fralda. Como sou um pesquisador de dados científicos por natureza, comecei a monitorar nossa "quilometragem por fralda" e descobri que em média rodávamos 45 quilômetros por Huggie. Estávamos trocando as fraldas mais cedo do que de costume e, se continuássemos parando naquela frequência, não chegaríamos a Oregon a tempo. Então nos demos conta de que o cérebro de Alyssa devia ter aprendido que, toda vez que se aliviava, nós parávamos o carro e sua mãe a tirava da cadeirinha. Ela ganhava uma troca de fraldas, mas também o contato humano, que provavelmente era considerado muito mais importante. Seu comportamento estava recebendo ao mesmo tempo um reforço negativo (a remoção da fralda suja) e um reforço positivo (o tempo com a mamãe), e, com duas oportunidades simultâneas de reforço por evento, ela aumentou a frequência com que nos obrigava a parar. Para testar a hipótese, reconfiguramos o esquema da viagem, deixando Sarah no banco de trás com a bebê, e a quilometragem por fralda voltou ao nível anterior. Quando chegamos a Newport até com um tempinho de folga, fiquei me perguntando se minha pesquisa de quilometragem por fralda poderia ser algo que eu poderia publicar algum dia. E, no fim, estou publicando mesmo.

Veja bem, nossas experiências podem ser incomuns, mas o que espero que você extraia de tudo isso é que, embora ter filhos exija alguns ajustes, isso não deve impedir ninguém de levar uma vida plena, o que, para nós, incluía viajar e comparecer a eventos; para outras pessoas, pode significar não abrir mão da vida social ou manter seus hobbies. Por um momento, reflita a respeito. Imagine o efeito que ter um bebê exerceria sobre alguém que, em vez de encarar os desafios, decide reduzir suas atividades, se isolar e passar todo o tempo com um recém-nascido aos berros. Não há como ter certeza, mas imagino que ninguém ficaria muito feliz nessas circunstâncias. Não é à toa que tanta gente no começo da minha carreira como palestrante associava o fato de eu não ser estressado a ser solteiro.

Eu já mencionei aqui a importância da capacidade de solucionar problemas. Pois então, boa parte da vida é composta de desafios, e podemos ser ou não bem-sucedidos ao superá-los. Às vezes, para nos mantermos física e mentalmente saudáveis no mundo moderno, precisamos nos desafiar para que, quando a vida nos pregar uma peça, possamos estar prontos. Ter filhos representa alguns desafios, e, como acontece com qualquer problema, resolvê-los cria resiliência. Não resolver, sabe como é... não.

Há mais de três anos, Sarah e eu vivemos um estilo de vida nômade. Nós adoramos e pretendemos continuar assim enquanto ainda fizer sentido, mas não é algo que eu recomendaria para qualquer um. Não que eu desaconselharia a quem estivesse disposto, mas para a maioria das pessoas é uma vida que sequer faria muito sentido. Além disso, nós não passamos o tempo todo relaxando em resorts pé na areia, bebendo margaritas (na verdade, nunca fizemos isso). Mas viagens em geral são uma coisa que recomendo, sim. Sair da zona do conforto de casa proporciona várias oportunidades para resolver problemas (mas espero que você nunca se veja em uma situação como a que o meu irmão viveu no México), mesmo se forem só umas férias curtinhas.

Já li várias matérias e vi diversos vídeos na internet dizendo que boa parte dos americanos, talvez a metade, não aproveita as férias anuais a que seus empregos dão direito. Tire suas malditas férias! Vá algum lugar incrível e faça alguma coisa nova e diferente. O que eu considero realmente saudável nas férias não é conhecer lugares turísticos ou ir para a balada, e sim a mentalidade a que esse período nos inspira. Quando está de férias, você se dispõe a fazer coisas que nunca fez antes e se abre muito mais a novas experiências. Nunca praticou mergulho nem comeu churrasco à moda brasileira? Bom, quando em Roma... Roma fica no Brasil, certo? Além disso, como nosso período de férias é limitado, existe um sentido de urgência nas nossas atividades. Você não tem muito tempo antes de retomar a vida rotineira de sempre, então é melhor ir logo tirar aquela selfie na frente do Grand Canyon. É agora ou nunca, Judy.

Na primeira vez que fui ao Havaí, foi para umas férias de duas semanas. Durante esse período, vi o pôr do sol treze vezes. Em geral, é uma coisa que não faço nenhum esforço para ver, já que o sol continua se pondo todos os dias, independentemente de onde eu esteja. Mas, por alguma razão, me sentia obrigado a ir ver o sol se pôr sobre o mar do Havaí com a maior frequência possível. Por quê? Porque haveria um número limitado de oportunidades para isso até a hora de ir embora. O estado mental das férias inclui essa urgência para desfrutar das chances de se alegrar.

Desafiar nossa mente com novas experiências nos mantém saudáveis. As férias, e a mentalidade que inspiram, ajudam a lidar com o *burnout*. Então tire seus dias de folga. Não precisa ir a nenhum lugar exótico (tipo Denver) – na verdade, não precisa nem viajar. Só saia da sua zona de conforto. Quando eu trabalhava no mundo corporativo, valorizava minhas férias remuneradas mais do que qualquer outro benefício relacionado ao emprego e fazia questão de tirar meus dias de folga. E, além disso, eu considerava cada dia que não estava no escritório como um dia de férias, feito uma folga não remunerada. Tento incentivar as pessoas a adotar a mentalidade de estar de férias mesmo em sua própria cidade. Vá ao mercado municipal no centro da cidade ou faça um passeio em um parque. Toda cidade tem coisas a oferecer, e com muita frequência essas oportunidades são negligenciadas. Não existe senso de urgência quando achamos que podemos fazer algo quando quisermos, então acabamos não fazendo. Conheço pessoas viajadas que moram em São Francisco e já estiveram até na Europa, mas não conhecem Alcatraz. Conheço gente em Chicago que nunca foi ao Art Institute. E gente de Minneapolis que nunca foi aos castelos de gelo de St. Paul no inverno. E gente de Oklahoma que nunca leu um livro.[90]

---

90 É só uma brincadeira, mas existe um motivo para aquela famosa música não se chamar "Sweet Home Oklahoma".

Criando um carrossel

Vivendo em Denver, Sarah e eu ficamos mais próximos de um dos nossos lugares favoritos no mundo, o Carrossel da Felicidade, em Nederland, Colorado. Sarah conheceu o lugar alguns anos atrás, viajando de carro pelas Montanhas Rochosas, e me levou até lá em um dos nossos primeiros encontros. Desde então, já fizemos outras visitas com Alyssa sempre que nossas viagens nos levam a passar lá por perto, e é uma bênção para nós estar a uma distância assim tão curta.

A cerca de novecentos metros acima de Denver, uma cidade que já fica a 1.600 metros acima do nível do mar, Nederland é uma cidadezinha charmosa nas montanhas, um lugar lindo para visitar. Fica a uma distância curta de carro de Boulder, e a viagem já faz o esforço valer a pena, proporcionando paisagens belíssimas. É um lugar pequeno, e uma de suas principais atrações é o carrossel, que é bem fácil de encontrar. Talvez alguns turistas dispensem um passeio no brinquedo, em especial adultos viajando sem crianças, mas descobrir preciosidades como essa é um dos motivos por que Sarah e eu adoramos viajar. Não é um carrossel qualquer; ele tem história.

Durante a Guerra do Vietnã, enquanto os soldados americanos eram expostos a um estresse extraordinário, um jovem fuzileiro naval chamado Scott Harrison costumava se reconfortar com uma caixinha de música que sua irmã lhe tinha enviado pelo correio. Segurando-a junto ao ouvido, a música o ajudava a se lembrar de um mundo distante das circunstâncias terríveis que estava vivendo. De acordo com o *Denver Post*, foi isso que o ajudou a sobreviver.[91] Ele declarou: "É preciso ir a um lugar mais simples e silencioso na nossa cabeça, e eu sonhava com carrosséis". Quando voltou ao país, ele começou a dar vida a esse

---

[91] Marshall, Julie Hoffman. Vet Has a Passion for Merrymaking. *Denver Post*, última atualização em 7 maio 2016. Disponível em: <https://www.denverpost.com/2008/08/28/vet-has-a-passion-for-merrymaking/>.

sonho, e em 1986 comprou o chassi de um carrossel em Utah. Ao longo de 26 anos trabalhou em sua restauração, entalhando à mão cada um dos animais. Por se tratar de um projeto nascido de uma estratégia bastante peculiar para lidar com um estresse terrível, ele lhe deu o nome bastante apropriado de Carrossel da Felicidade, e é esse sentimento que ele inspira em todos os que o visitam.

Até hoje, Alyssa já sentou em três de seus animais entalhados à mão, e sou uma testemunha da alegria e da empolgação que o carrossel proporciona a ela. E aos seus pais também.

Eu tive a sorte de conversar com Scott sobre seu trabalho e a felicidade que inspira.

BK: Em suas próprias palavras, como você descreveria o Carrossel da Felicidade?

Scott: Eu descreveria como... uma espécie de lugar mágico aonde as pessoas podem vir, e como todo carrossel é uma coisa divertida. Você não vai a lugar nenhum, fica só andando em círculos. Mas nós não cobramos caro; o passeio custa só um dólar, e só mantemos o brinquedo funcionando por diversão. No fim, acabou sendo muito melhor do que eu imaginava. A princípio era um projeto egoísta, uma coisa em que eu vinha pensando por um tempo, e parecia algo que eu era capaz de fazer. Mas acabou virando algo que ganhou existência própria, e temos casamentos, funerais e muitas excursões aqui. São mais adultos do que crianças. É meio que um lugar terapêutico para muita gente que vem, senta no brinquedo e esquece de tudo, ou para quem só desfruta da atmosfera vendo as outras pessoas no carrossel, caso não queira subir.

BK: Eu entendo essa questão de lugar terapêutico. A sensação é bem essa mesmo. Quando foi que você começou?

Scott: Simplesmente comecei a entalhar... Isso foi em 1985 ou 86. Depois que voltei do Vietnã, em 1968, entalhei alguns animais. Vi uma exposição de animais de carrossel de cem anos de idade, e havia um coelho com um olhar de sabedoria no rosto e eu queria reproduzir isso, ver se conseguia dar a um animal de madeira esse tipo de concretude. Então o primeiro que fiz foi um coelho, e não saiu exatamente como o que vi, mas senti que valia a pena continuar trabalhando e que estava gostando de entalhar essas figuras.

BK: Então você diria que o processo de entalhe era terapêutico em si mesmo?

[Scott explicou que, entre a volta da guerra e sua chegada a Nederland, ele começou a trabalhar para a Anistia Internacional e criou a Rede de Ações Urgentes para protestar contra a tortura. Esse trabalho, embora recompensador, vinha acompanhado de bastante estresse.]

Scott: Quando eu me mudei para cá, nós tínhamos uma criança de 1 ano e outra de 4. Não tínhamos TV na época, então, depois de colocá-las para dormir, eu ia para a oficina trabalhar nos animais. E foi essa a rotina de vida que mantive por algumas décadas aqui em Nederland. Trabalhava no escritório e depois vinha entalhar um animal por vez – e isso me ajudava a lidar com o estresse. Sinceramente, pensei que o combate no Vietnã havia ficado para trás e que estava usando outra parte do cérebro para isso. Eu não diria que se tratava de uma coisa artística, mas de uma parte inconsequente da minha vida quando ninguém, naquela época, esperava que o carrossel ficasse pronto. Era uma coisa que eu estava fazendo em benefício da minha paz mental. Não havia prazos, como no meu trabalho. Era assim que eu lidava, digamos, com o estresse do tema da tortura.

BK: E a partir disso surgiu um lugar terapêutico. Você pode me contar sobre as experiências que testemunhou no carrossel?

Scott: Isso foi inesperado, porque eu estava pensando só em mim ao tentar criar esse carrossel. Estava fazendo uma peça por vez, e sou obrigado a confessar que não tive a perspicácia de perceber o efeito que isso teria nas pessoas. Mas, se você ficar aqui por mais de uma hora, vai ver gente chorando de alegria ou de pura emoção.

Nós recebemos muita gente mais velha, que vem de excursões organizadas por lares para idosos ou coisa do tipo. E essas pessoas se emocionam porque pensam no passado e no carrossel que fez parte de seu passado.

Outros se emocionam com, não sei, talvez a simplicidade da coisa, da possibilidade de se desligar por um tempo subindo em um animal e ficar girando em círculos. Não sei exatamente, ou ainda não entendi, mas já houve vezes [em que vi isso acontecer]. Posso falar de uma ocasião, uns dois anos atrás, quando uma TV local fez uma matéria a respeito. Eu não estava presente na maior parte do tempo. Só fiz uma entrevista rápida com o repórter. Ele passou grande parte do dia junto com a equipe de filmagem. E, quando estava lá, reparou em uma mulher com um tanque de oxigênio. Uma mulher de meia-idade, vendo as pessoas andarem no brinquedo. Mas ela não subiu. E ele reparou nela e foi lá conversar. No fim ela estava com câncer de mama no estágio 4, em estado terminal. E veio de ônibus de Boulder só para espairecer a cabeça, sabe? Se desligar da própria situação. Isso foi há algum tempo, e ainda me comove, sabe? Por vários motivos, pode ser uma ajuda para pessoas que encontram... não sei se isso vai soar clichê... meio que encontram um lugar feliz aqui.

BK: Bem, é o Carrossel da Felicidade. Dito isso, existe alguma outra coisa no horizonte para o futuro?

Scott: Bom, uns quatro anos atrás comecei outro projeto. Usando elementos como os do Carrossel da Felicidade. A ideia é criar um espaço terapêutico para as pessoas. Gente que viveu traumas na vida. Na época eu trabalhava com pessoas que sofriam de TEPT [Transtorno do Estresse Pós-Traumático] e, desde então, ando pensando que todo mundo precisa de um espaço e de um tempo de silêncio e tranquilidade na vida. Então é uma coisa para todo mundo, mas foi pensada para gente que viveu traumas na vida.

Eu queria criar um lugar silencioso, mas ainda usando os animais de madeira com suas expressões amigáveis e poses convidativas. E depois colocar isso em um lugar que seja seguro e reconfortante, onde as pessoas possam ficar sozinhas. Elas podem ficar sozinhas, o que é a ideia, ou com uma pessoa amiga, um terapeuta, ou o que seja. E podem passar uma hora ou duas por lá.

É um banco circular com pouco mais de quatro metros de diâmetro e seis animais sentados, deitados ou acocorados no banco. Uma girafa, um lobo cinzento, um rinoceronte, um burro e um golfinho em uma banheira, e um urso. E estão todos com uma determinada pose. E tem tipo um mar enorme no chão, e um espaço para colocar uma cadeira ou uma cadeira de rodas. Eu o chamo de Conselho da Bondade, porque é uma espécie de semicírculo, como um conselho de anciãos. E você se coloca lá na sua cadeira e estão todos olhando na sua direção, a não ser um animal – a girafa, que está olhando para um monte de passarinhos empoleirados em um círculo. E vai ser um lugar para as pessoas irem sempre, imagino eu, para sentarem lá, se sentirem acolhidas ou desfrutarem de uma companhia silenciosa. Meio como uma criança com um ursinho de pelúcia, sabe? O ursinho não fala, mas transmite uma sensação de conforto para a criança, ou algo do tipo. E isso meio que seria a mesma coisa.

BK: Parece uma coisa maravilhosa e muito tranquilizadora.[92]

---

92 Para mais informações sobre os projetos de Scott, visite <www.carouselofhappines.org> e <www.councilofkindness.org>.

Posfácio

Em busca da felicidade

Anos atrás, quando Sarah e eu começamos a namorar, eu ainda morava em Los Angeles e ela estava no meio de um contrato de trabalho temporário em Boulder. Nós nos visitávamos sempre, alternando entre a Califórnia e o Colorado todo fim de semana por alguns meses, até que o contrato dela se encerrou e minha nova turnê de palestras começou. A cada semana tentávamos fazer alguma coisa especial juntos, e em uma visita ao Colorado Sarah me levou até uma bela trilha que terminava em uma cachoeira, não muito longe de Boulder. Eu não estava em uma forma física tão precária como na minha primeira visita ao Monte Real, mas mesmo assim foi difícil para mim. Eu não tinha energia e ficava sem fôlego com facilidade. Na época, atribuímos o problema à altitude, já que costuma levar um certo tempo para as pessoas se acostumarem a viver a 1.600 metros acima do nível do mar, porém, olhando para trás, tenho certeza de que era uma coisa relacionada à minha apneia do sono ainda não diagnosticada. Escrevi este livro em Denver e, desde que estamos no Colorado, venho sentindo um forte desejo de fazer a mesma trilha e ver como me saio. Sarah e Alyssa estão preparadas, com botas de neve e tudo, esperando que eu termine o livro logo.

Depois da trilha, nossa ideia é levar Alyssa de novo às montanhas de Nederland para dar umas voltas no Carrossel da Felicidade, onde, com um pouco de sorte, ela vai poder andar em seu animal favorito. Amanhã, seu tio John vem para cá passar o Natal conosco, e pretendemos ir todos ao shopping para uma visita ao Papai Noel, que com certeza Alyssa vai gostar de rever. Depois das festas de fim de ano, vamos juntar nossas coisas e Sarah vai usar suas habilidades no "Tetris automotivo" para podermos deixar Denver para trás e pegar a estrada rumo à nossa próxima aventura.

Eu gostaria de encerrar assim como comecei, falando de felicidade. Como mencionei tantas vezes aqui, a felicidade e o controle do estresse sempre foram muito importantes para mim, e espero de verdade que algumas coisas que compartilhei com você tenham proporcionado ideias sobre como lidar com o estresse e sobre a importância de pegar leve. E, com um pouco de sorte, posso até ter feito você rir algumas vezes nesse processo.

Os exercícios físicos deixam as pessoas mais felizes, e passar um tempo na natureza também. E eu conheço uma garotinha que está louca para sair pisoteando a neve e não posso mantê-la esperando por mais tempo. Só espero não me deparar com nenhum urso nem pegar trânsito no caminho.

Obrigado pelo seu tempo, e, por favor, pegue leve.

Agradecimentos

São muitas as pessoas que me ajudaram nesta jornada, mas este livro simplesmente não seria possível sem o apoio da minha companheira de vida, Sarah Bollinger. Além de ser uma parceira incrível e uma mãe excepcional, ela também é uma inspiração e a encarnação de quase tudo o que eu prego. Obrigado, Sarah, por tudo o que você faz.

Também gostaria de agradecer à nossa filha Alyssa, hoje perto de seu segundo aniversário, não só por trazer tanta alegria à nossa vida, mas também por me inspirar a concluir este livro por ela.

Ao meu irmão Jon King por permitir que eu incluísse sua história neste livro e aos meus pais, Clyde e Debbie, por sua contribuição em nossa vida e para a história que estamos vivendo.

A Cuban Balestena e Scott Harrison pelas entrevistas e aos comediantes Laura Hayden e Conor Kellicutt pela permissão para contar suas histórias.

Aos meus amigos, os psicólogos Gabriel de la Rosa e Jason Schroeder, e ao meu consultor financeiro Jason Goodall, pela revisão das partes relacionadas a suas respectivas especialidades.

E a todas as pessoas que se interessaram pelo meu trabalho ao longo da minha vida e me deram força para seguir em frente, sejam amigos que encontro com frequência ou apenas pelas interações nas redes sociais. Em especial, meu muito obrigado às seguintes pessoas pelo apoio importantíssimo ao meu trabalho: Debbie Anderson, Liz Baker, Robin Calhoun, Daniel Dixon, Tamara Howard, John Hurst, Bill Keeshen, Kristin Kemp, Rob Lowe, Dana Masuda,

Agradecimentos

Robert Mott Jr., Jim Musick, Elissa Newman, Jane Norberg, Frank Shingle, Anita e Bella Springer, Jeanne Tickle e Misha Trubs.

SUA OPINIÃO É MUITO IMPORTANTE
Mande um e-mail para **opiniao@vreditoras.com.br** com o título deste livro no campo "Assunto".

1ª edição, jan. 2022
FONTE Garamond Premier Pro Regular 11/16,3pt;
Lust Pro Demi Nº5 24/28,8pt
PAPEL Ivory Cold 65g/m²
IMPRESSÃO Geográfica
LOTE GEO061221